文學叢刊

楊贊溎著

正心文集

文史哲出版社印行

國家圖書館出版品預行編目資料

正心文集 / 楊贊淦著. -- 初版. -- 臺北市：文史哲, 民 97.12

頁： 公分. --（文學叢刊；209）

ISBN 978-957-549-824-5(平裝)

1.言論集

078 97020803

文學叢刊 209

正心文集

著 者：楊 贊 淦
出版者：文 史 哲 出 版 社
http://www.lapen.com.tw
e-mail：lapen@ms74.hinet.net
記證字號：行政院新聞局版臺業字五三三七號
發行人：彭 正 雄
發行所：文 史 哲 出 版 社
印刷者：文 史 哲 出 版 社
臺北市羅斯福路一段七十二巷四號
郵政劃撥帳號：一六一八〇一七五
電話886-2-23511028 · 傳真886-2-23965656

實價新臺幣三〇〇元

中華民國九十七年（2008）十二月初版

ISBN 978-957-549-824-5

序言

歲月不居，時光如流，轉瞬間，虛度光陰八十多個寒暑。歷經軍、公、教職四十二載，有人建議我撰寫回憶錄，自認往事不堪回首，難以下筆。

古人云：「人以銅為鏡，可以正衣冠；以史為鏡，可以見興替；以人為鏡，可以知得失」。個人庸碌一生，既無璀燦發皇的成就，亦無可歌可泣絢麗的事蹟。內人徐巧英女士之鼓勵，要我將歷年來參加各機關、社團，報章雜誌舉辦之徵文比賽、和刊出之作品共計五十二篇輯印成册。另將內人佳作三篇附錄於後。本年（九七）元旦，適逢我們結婚六十週年，藉此留作紀念，內容包含論說文、記敘文、散文……等皆個人心血之結晶。

多少追憶多少愁，無限辛酸無限淚。在這些歲月裡，有喜悅、有惆悵。差堪告慰的五個子女都已教養成人，各安其位，各奔前程。

正心文集 目錄

一、得獎論文

我對敬老崇孝的認識

一、前言

中國能夠屹立在世界上有五千多年的歷史，就是有優良的傳統道德文化所維繫，在這優良傳統道德文化中，特別重視「孝」與「敬」兩個字，一個人小至於立身處世，大至於齊家治國，都離不了「孝」與「敬」的範疇，這與科學文明最發達的美國有顯著的不同。美國人在倫理關係上是行單軌制，老子把兒子教養成人以後，兒子就遠離鄉土，對於自己的父母不盡侍奉責任，因此，美國人到了老年以後，就有膝下寂寥之苦，所以俗語說：「美國是少年人的樂園，青年人的天堂，老年人的墳場。」這就意味著美國，到了老年就吃不開了，沒有人管。我們中國則不然，中國在倫常關係上是行雙軌制，兒女年幼時，靠父母教養成人，等到父母年老以後，父母依靠兒女的侍養過日子，正如中國的古話說：「養兒防老，積穀防飢」。這是中西倫理文化顯著不同的地方。也就是說我們要瞭解本題眞義之所在。

二、敬老崇孝的要義

何謂「老」？中國歷史上對於「老」的解說很多。說文：「七十日老」，皇疏：「老，謂五十以上」，又戶役制度，晉朝以六十六歲以上爲老，唐朝以五十五歲爲老，宋朝以六十歲爲老。不論各個時代和各家說法的不同，總而言之，「老」者，含有尊長之意。也就是說，「敬老」，不僅要尊敬自己的父母，凡是比自己年長的人，都要尊敬他。至於「孝」呢？說文：「善事父母者曰孝」。釋名釋言語：「孝，好也，愛好父母，如所悅好也」，又孝經謂：「孝，畜也；畜，養也。」孝以事親，敬以事長，孝與敬合起來說，就是善事尊長之道，簡言之，就是孝順父母，敬愛長上的意思。

三、中外聖哲對於「孝敬」的闡釋及史例

「敬老崇孝」是我國傳統的美德，孔子曰：「夫孝，德之本也，孝之所由生也。」孝敬，爲我國數千年人民立身處世的根本，也是一切倫理道德的基礎。孝的開始，就是事親，俗語說：「羊有跪乳之恩，鴉有反哺之義。」人爲萬物之靈，父母生我育我，自應先有反哺行孝之心，孝順父母，敬愛長輩，克盡孝道，然後將這一片敬愛自己父母的心，發揚光大去敬愛別人的父母，即如孟子所說：「老吾老以及人之老」，關於孝的闡述及孝的教訓，從古今中

外的聖哲名言中可找出很多，如至聖先師孔子曾說：「弟子入則孝，出則弟……。」又其弟子孟懿子問孝，孔子解答說：「無違」，並再作進一步解釋：「生，事之以禮，死，葬之以禮，祭之以禮」再子游問孝，孔子說：「今之孝者，是謂能養，至於犬馬，皆能有養，不敬，何以別乎？」這是「敬親」盡孝的道理。孝敬父母，還要有自尊、自愛的心理，免得父母事事爲我們操心，孔子回答孟武伯的問孝說：「父母唯其疾之憂」，這就是「順親」盡孝的道理。另有子夏問孝，孔子說：「色難，有事弟子服其勞，有酒食，先生饌，曾是以爲孝乎？」這是「愛親」盡孝的道理。從上面孔子所講的話看來，我們便可知「孝」「敬」的內涵。此外亞聖孟子亦就反面來對不孝的精義作一解釋，他說：「世俗所謂不孝者有五，惰其四支，不顧父母之養，一不孝也；博奕好飲酒，不顧父母之養，二不孝也；好貨財，私妻子，不顧父母之養，三不孝也；從耳目之欲，以爲父母戮，四不孝也；好勇鬥狠，以危父母，五不孝也。」這五種不孝，不啻給我們一種警惕，使我們免犯而去做養體，養志，不辱父母，顯揚父母的事。曾子對孝敬的意義亦曾解釋：「孝有三，大孝尊親，其次弗辱，其下能養。」大意也就是要世人揚名聲，顯父母，謹言愼行，不使生我者玷辱人格。西哲蘇格拉底曾說：「噫嘻爲人子者，汝若不感父母之恩義，則將無人爲汝之親友，蓋世人皆知將對於不孝父母的人，盡其親切之誼，殊無益也。」這是告訴我們孝順父母，敬愛長上的重要。也是告訴爲人子女者，如何做到「敬親」、「順親」、「愛親」的道理。

其次，有關孝敬的史例也是很多，就我們所熟知的，像二十四孝中的單衣順母的閔子騫；扇枕溫席的黃香；辭官尋母的朱壽昌等，又如近代我們偉大的領袖——蔣總統，亦以孝親而後為民族盡大孝。這些都是吾人效法並力行的好榜樣。

四、我們對敬老崇孝的體認與實踐

我們知道了「孝」與「敬」的意義和事例以後，如何去實踐呢？孝經上說：「孝，始於事親，中於事君，終於立身。」我們要行孝，首先要從實踐事親之禮做起，然而事親之禮究竟有那些？論語上說得很明白，除了前面所述孔孟答覆他的學生的以外，他還認為在輔翼父母德業的原則下，應該做到「事父母幾諫：見志不從，又敬不違，勞而不怨。」在平時「父母在，不遠遊，遊必有方。」「父母之年，不可不知也，一則以喜，一則以憂。」在父母百年以後，應「慎終追遠。」這些都是告訴我們如何去盡孝道的。然而「孝」和「敬」總是分不開的，因為能孝順父母，必能敬愛長上，也就是必能做到「入以事父兄，出以事長上。」這是毫無疑問的。

孝有大孝和小孝的分別，小孝即是奉養父母，恭敬孝順，友愛兄弟，承歡膝下，如大舜之孝敬父母，友愛兄弟。又如曾參的孝順父親等都是小孝的表現。何謂大孝呢？就是移孝作忠，為國家民族奮鬥犧牲，使自己的聲名能傳諸史册而不朽，以不辱及父母，這如岳飛的精忠報國，蔣總統的躬勞國事，以及抗戰剿匪名將張自忠，黃伯韜，邱清泉之慷慨成仁等是。當國家安寧，政治清和的時候可盡量去行小孝。當國家衰頽危亂的時候，就必須立下決心，不要爲了拘泥小孝而不去盡挽救國家民族的大孝，但若不能行小孝則未必能行大孝，這就是大學中所謂「家齊而後國治」的道理啊。

我們回觀目前社會上一般敬老崇孝的風尙，是否還存在呢？由於西洋風氣的影響，許多爲子女的只顧自己享受，不願和思想興趣不相同的老年人住在一起，在剛能獨立時，便講究個人自由，離開父母另組小家庭。好一點的按月送生活費，甚至有些人根本棄之不顧，使父母在晚年時受著清淒寂寞的痛苦，更有些人濫交朋友，品格墮落，好勇鬥狠，結黨成群，整日與太保流氓爲伍，動則殺傷肢體，使得父母擔心。一旦身陷囹圄，醜行畢露，不但擾亂社會，而且使父母蒙羞，這就是不孝的大罪了。還有些人，未能修養自己，憑一時之衝動，打傷父母甚至謀殺父母，這種逆倫常，叛天道的行爲，眞是罪大惡極。對於老年人，不但未能善盡恭敬之責，在汽車上或火車上讓位，甚至遇到摔倒在路旁亦視若無睹。俗語說：「五刑之屬三千，而罪莫大於不孝。」可見古人對於孝敬是多麼重視，現在的社會風氣是如此的敗壞，値此世道衰微，人心不古的時候，實在是必須要趕快拿出辦法來，施之於教化，以挽救此日下之世風。

面臨國家當前的艱險處境，以及中共在大陸上所作的實況，我們在台灣實應徹底踐履敬老行孝的大道，恢復中國固有德性。無論是學校、家庭、社會都要加強道德倫理教育，擴大敬老行孝運動的推行與闡揚，使全國人民都發揮「孝敬」之心，父母對子女慈愛，子女對於父母做到先聖先賢們所講的孝子之道——「順親」、「敬親」、「愛親」，由尊親然後推擴到敬長，亦就是由孝敬自己的父母，然後擴及到敬愛社會上所有的長者，不僅在消極方面，對長者要有禮貌要恭敬他（她），更在積極方面要救助他（她），愛護他（她），政府更要設立專門機構收容，使孤苦無依，無家可歸的老者有所存養，達到 國父和 總統在民主主義與育樂兩篇補述中所講的「老有所終」、「老者安之」的目標。

俗云：「百行孝為先。」吾人一切道德行為皆以孝敬為起點，應該發揚中國敬老崇孝的美德，做到由尊親敬長，而後推而廣之為民族盡大孝，把自己的一切貢獻給國家，進而完成建國大業，如此，庶不愧為黃帝的子孫。

（民國五十六年中華日報中國老人協會聯合徵文比賽大專組第一名）

試論九年國民教育的特性與使命

壹、前言

教育乃國家百年大計，國家之盛衰，民族之強弱，以教育爲轉移。政府遷台以後，對於教育的發展與改進，始終全力以赴；祇由於人口的急劇增加，雖然年年增班設校，仍然不夠容納，因此造成升學競爭的不良現象。在此情形的影響下，學校惟恐學生畢業後，不能考入高一級的學校，學生家長又恐怕自己的子弟不能達到升學的目的，各級學校除正課以外，利用課餘加強補習，甚至還有犧牲正課而從事補習的。如此祇著重知識的灌輸，不注重學生的身心健康，使可塑性極強的學童及在學青年的身體與心理，受到嚴重的損害。總統蔣公，高瞻遠矚，認爲要挽救民族的幼苗，實現復國建國的目標，必須從國民教育著手。

貳、國民教育改制的經過

九年國民義務教育的籌辦，是從民國五十六年六月二十七日，總統在中央 國父紀念月會上提示以後開始的。政府當局和全國上下，自此都以無比的熱忱，勇氣和信心，研究討論和策劃此一劃時代的鉅舉。行政院亦於是年八月二十六日將延長國民義務教育爲九年的命令——「九年國民教育實施綱要」八條，頒達台灣省，及台北市政府，於是實施九年國民教育的政策，正式確定。省市政府即成立專門推行機構，積極展開準備工作，諸如籌措財源，核算增班設校數字，選定新校地，興建校舍，甄選任用校長，登記訓練和介聘教師等，均同時分途進行。前後經過一年的時間準備，五十七年九月九日全省四百二十九所國民中學同時舉行開學典禮，此一劃時代之教育改革，至此乃揭開其絢燦之一頁，我國國民教育從此邁向新的里程。

參、九年國民教育的特性

我國教育宗旨，係根據三民主義，以倫理、民主、科學爲內涵；以培養智、仁、勇文武兼備的國民爲依歸。 總統爲使國家早日步入現代化，俾與歐美並駕齊驅，在此反共救國時期，不計國家財政困難，毅然決然地規定將國民義務教育延長爲九年。並在五十七年九月九日全國各國民中學同時舉行的聯合典禮中明確指示：「九年制的國民教育，非徒爲教育時間的延長，就學機會的普及與均等，更重要的，乃爲國民教育內容的充實與本質的改進。換言之，我們不只是要求知識，以發展國民固有的潛能；而是要提高公德，以造成現代國民的品格，故其先著，乃在求公德的實踐，知能的發揮，群己的辨別，因此，國民中學，特應以生活體能，倫理道德，民族傳統精神爲主，而益之以科學基本教育，職業技藝教育，社會中心教育。……務使德、智、體、群均衡發展，身、心、手、腦、皆臻健全，陶鑄成爲活活潑潑的好學生，堂堂正正的好國民。」從這一段訓詞中，我們深切體認國民中學的教育本質，是適應時代潮流的，與過去的初級中學迥然不同。

一、教育型態——一貫性

九年國民教育分爲兩個階段實施：前六年爲國民小學教育，後三年爲國民中學教育；其課程內容前後銜接。國民中學是國民小學的延續，納入國民義務教育的範疇以內。實施九年制國民教育的目標，乃是要運用精神一貫的教育型態，使學生有足夠的時間和機會，來接受民族文化的薰陶，學習現代化國民所必備的基本知識，生活技能及行爲規範，以培植健全的國民，爲國家建設提供有用之材。而過去的初級中學，則是以升學爲目標，所教所學全與高中課程相同，初中階段，可說是高級中學的準備教育，一旦升學不成，則謀生乏術，此和今日國中顯著不同的地方。

二、教育內容——系統性

總統在「革新教育注意事項」及國民小學「生活與倫理」，國民中學「公民與道德」等手令之訓示中，已明確指示國民教育的內容，在第七至第九年中以職業教育爲中心。原有的初中教育，注重文化陶冶與升學，新制的國中，除文化陶冶外，兼重生活教育與職業陶冶。從教育部五十七年元月公佈的課程標準中可以看出，國民中學除原來初中所有科目外，尚包括下列課程：㈠生活教育課程：如公民與道德，指導活動，健康教育等；㈡職業課程：如農業選科，有作物栽培，農產加工與飼養等，商業選科有珠算，簿記與統計製圖等，工業選科有製圖，金工與電子工等，家政選科有膳食管理，服飾縫製與家庭電器等。全部課程教材由國立編譯館根據部頒課程標準統編統印，以齊一水準。在改制以前，各科教科書，中華、正中、商務……各書局均可編印，致使內容不一，教學進度也難掌握。

三、學生來源——普遍性

過去的初中入學需經考試，具有選擇性，學校有憑成績錄取學生的自由，學生也有選擇學校去投考的自由。國民中學爲義務教育，凡國小畢業生不必經過考試均可入學，即如孔子所說「有教無類」。不分男女，不論職業，不管小學畢業成績的高低，也不問家庭經濟狀況的好壞，一視同仁，均可免試進入國民中學就讀。爲使達到教育機會均等的目標，政府當局顧慮到許多清寒子弟，沒能力入學，甚多優秀學生，不能繼續深造，設立助學金，以扶助清寒學生；設立獎學金，以鼓勵優秀學生。並一律免除學費，減輕學生家庭負擔。這樣一來，可使小學畢業生都有升學機會。

四、就學區域——固定性

實施九年國民教育，有一個特創的作法是採行學區制。以往初中生入學，並無區域限制，甲地的學生可以到乙地就讀，乙地的學生也可以到甲地去就讀，任由學生選擇，以致地區偏僻的學校招生困難。不顧學校學生素質之好壞，設備與師資固然很重要，但入學學生的水準不一，更是主要的因素；每年聯考；成績較高的學生分到好的學校去，其他學校學生的水準永久無法提高；今國民中學劃分學區，可以齊一水準，並可節省學生通學時間，改善交通秩序，且便於校外生活指導。此外，還可以激發地方人士關心地方教育，地方政府也便於編定預算，提高就學率。本地區的學生，在本鄉的學校就讀，可以推進社區建設，使學校成為社區中心，使學生由愛鄉的觀念進而愛國家。

肆、九年國民教育的使命

九年國民教育在此時此地來開始實施，我們要深切體認 總統的德意和政府的決心。其主要宗旨在提高國民智能，充實戡亂建國之力量。具體一點說，國民教育之實施，在於傳遞民族文化，陶冶國民道德，鍛鍊國民體格，充實生活知能，提高國民的愛國精神和民族意識，以培養有守有為的健全國民，建設現代化的國家。根據各級教育行政長官的訓示，暨政府頒發的歷次有關九年國教的文件中，可以了解延長九年國民教育的重要意義，和今後所負的使命，綜合起來約有下列幾點：

一、**在教育上**——消除惡性補習，促使學童正常發展：過去的國民小學，因受到升學競爭的影響，惡性補習取代正常的教學，不但嚴重損害了學生的身心健康，也使得教育功效降低。九年國民教育之實施，在澈底消除國校惡補，解除因惡補所加諸我民族幼苗在精神上及體能發展上的枷鎖，使國民小學教育在正常化的教學下，學生能獲得最好的，合理的培育，更使他們有輕鬆愉快的精神，去從事各項有益身心的活動。例如奪得二十三屆世界少年棒球賽冠軍的中華少年棒球隊，及本年在日本取得太平洋區代表權的七虎少年棒球員們，都是國小在學的應屆畢業生，因爲他們免除了心理上升學競爭的負擔，故在球技，精神、體力、各方面都已達到很高的水準，即爲顯明事實。

二、**在經濟上**——提高人力素質，培養經濟建設人才：政府在台灣勵精圖治，生聚教訓，一方面是要建設台灣成爲三民主義的模範省，一方面要策進復國建國工作的早日實現。建設工作首先要具備各類人才。台灣在近十年來，工業發展突飛猛晉，但感可用之人力不足，必須加速培植，始濟於事。九年國教之實施，旨在提高人力素質，爲國家培養經濟建設所需的人才，促進經濟繁榮，厚植國力。

三、**在政治上**——復興中華文化，擴大對敵政治號召：我中華民族有攸久光榮的歷史，更有優美的傳統文化，中共佔據大陸以後，利用無知的青少年，犧牲課業，組織「紅衛兵」，大鬧「文化大革命」，企圖把我國固有的歷史文化毀滅淨盡。生活在該區的青少年，整日爲勞動生產而奔命，根本沒有接受教育的自由。我們目前在自由基地實施九年國民教育，在使人人都有受良好教育的機會，這不僅對自由地區是文化復興的具體表現，對大陸同胞，更具政治號召作用。

四、在國防上——充實科學知識，發揮戰鬥制勝功能：軍事的進步，日新月異。戰爭的型態，也變化無窮，由原來的平面作戰進展到立體戰爭。對於各種兵器的使用，須有相當知識，機智和技巧，方能運用自如，發揮制勝效果。政府遷台以後，對於兵役制度之實施已具良好基礎，憲法規定人人都有服兵役之義務。做爲一個現代國民，必須具有哲學的品德修養，科學的知識頭腦，兵學的戰鬥技能，如此方能適應時代需要，接受任務。國民教育之實施，即在培養文武兼備之健全國民，以備擔負國家所賦予之時代使命。

五、在社會上——增高知識水準，強化國民公共道德：社會風氣之良窳，以國民道德爲轉移；國民道德之表現優良與否，又取決於國民知識的高低。延長國民教育爲九年，旨在提高國民知識水準；國民的知識水準普遍提高以後，可以產生兩個好的影響：

第一、可以加強國民的道德心，使國民對公共秩序的維護，生活習慣的改良均有裨益。

第二、可以提高就業率，減少因失學，失業所造成的社會問題。

根據以上的說明，我們很明白的看出國民教育的使命是非常重大，而國民中學今後所負的教育任務也非常艱鉅，有待全國上下共同努力。

伍、今後努力的方向

九年國民教育，從民國五十七年九月開始實施到現在，已整整兩個年頭了，根據台灣省議會之歷次考察檢討，及教育廳的視導結果，與省政記者團之訪問反映，均一致認爲本省國民中學教育已奠定穩固基礎。此項成效主要係因政府與民間之妥善配合，及各級教育行政工作人員，和學校教職員克盡職責所致，這不過是一個起點，絕對不能以此自滿。我們要知道，教育是一種持續的工作，需要有恒心有勇氣，才能達成教育的使命。以我個人曾兼任國民中學行政工作的體驗，與報章雜誌或友人閒談的耳聞目見所及，認爲尚須努力改進的地方，有下列幾項：

一、**校舍方面**：目前一般國民中學之新建校舍，多爲縣市政府統一發包興建，在式樣及建材方面，有統一規格，無甚問題。惟在時間上未能善爲掌握，往往在學期開始，學校已正式上課，校舍未能竣工，影響學生的學習情緒很大。此係有關單位撥款困難，抑或發包太遲，監工不力，以致拖延時間，值得檢討改進。另外有部份國中教室光線不好，空氣亦太差，對學生的身心健康影響很大。這都是亟待改進的地方。

二、**設備方面**：原有初中改制的國民中學，在教學設備方面已有基礎，可以逐漸添置。惟新設之國中各項設備盡付缺如，亟待充實。諸如史地掛圖，生物標本，理化實驗儀器，體育及童軍器材，幻燈機、錄音機等都是急需實用。今天的國民教育，是生動活潑的教育，照本念經的方式，已經落伍了，活動教育必須活的教材。譬如講「公民道德」課中的禮節和食、衣、住、行、育、樂等生活規範時，必須放映生活實況的幻燈片，並配以錄音說明，這樣才可以引起學生興趣，加深學生學習印象，使之發生潛移默化之效。

三、師資方面：現在國民中學師資的主要來源，除師大畢業分發，及教育廳，行政院官兵退除役輔導委員會甄試及格者外，其他就是靠行政院青年輔導會辦理登記介聘經過職前訓練後而聘任的。在語文、自然、社會科學方面的師資都不缺乏，所缺者爲技能科目及職業選科方面的師資。例如音樂、美術、工藝、體育、和作物栽培，製圖等，目前一般國民中學都感奇缺，有的臨時請一位老師充代，有的聘請其他學校的老師兼任。今日的國中教育著重於職業陶冶，並兼顧就業及升學的需要，對於技能課及選修課目之教學應該特別重視才對。然後現時各國民中學雖沒有工藝工廠之設置，政府也化費很大一筆經費裝設機器，但此項設備形同虛設，缺乏師資教學。以我個人管見，可以聘任高級工業職業學校相關科畢業學生，以助教或導工名義，擔任機工，電器修護，或建築方面的教學，如此才是名符其實的注重職業陶冶，不至於浪費人力物力。

四、教學方面：國民中學的學生，程度參差不齊，如堅持不按能力分班，勢必影響教學效果。衡情度理，在教學編班及成績考查方式上，需適應學生個別差異，加以改進。即按照孔子「因材施教」的方法去做，智商較低的學生應編在一班施教。評定成績採取「自我比較」的辦法，即今日之我，與昨日之我究竟進步了多少？另外在教學方法上，應以學校或地區爲單位，經常舉辦各科教學研究會，觀摩會、討論會、以交換經驗，探求方法，提高效果。在學生輔導方面，除加強指導活動外，應隨時作家庭訪問及各別談話，藉以明瞭學生的學習生活及心理趨向，做到因勢利導的要求。

陸、結　論

教育爲立國之本，教育的成敗關係國家的存亡絕續。由於九年國民教育之如期實施，無形中提高了我中華民國的國際聲譽，對大陸地區發生強烈的政治號召作用，更使一般國民對建設台灣，統一大陸因此而堅定信心。惟九年國民教育，是一項劃時代的創舉，亟待努力的地方很多，要達到理想的目標，還有一段遙遠而險巇的里程，必須全國同胞，一心一德，群策群力，共同負起教育救國，教育建國的責任。　總統曾經說過：「教育的目的，在創造人們綿延的生命。」歷史的存續，必須要靠年青衆多的接棒鬥士，將來對大陸上所有的民衆展開教育，重播中華文化的種籽，纔能使中華文化根深蒂固，發揚光大，這項偉大的培養下一代的任務，就靠我們去完成。

（台灣省教育廳五十九年教師節徵文比賽甲組第二名）

市政建設應作整體性之規劃

壹、前言

臺北市於民國五十五年十二月三十一日奉總統 蔣公核定升格為院轄市，次年六月二十七日，總統蔣公主持總統府 國父紀念月會時剴切訓示說：「現在我們是處於戰時戰地。時時刻刻都在備戰狀態之中，臺北市為中央政府所在地，亦即為戰時之首都，以臺北市改為院轄市的目的，即在建設其成一個現代化的都市，並以適應戰時之需要。此後一切規劃、組織制度，行動，即皆應以此一認識為其準據，改制後當務之急，皆在貫徹國父都市平均地權的主張，其次要全力改善都市環境衛生，特別注意平民區環境衛生的改進，同時分區設立平民醫院，輔以醫療救濟，來全面推行社會福利政策。再次是整頓交通秩序，加強公共工程設施，切實改善市容，尤其是加速推行「九年義務教育計劃」。民國六十一年七月十四日，行政院蔣院長寫給張豐緒市長的信中對臺北市的建設作了九項重點指示：「一、保持市容整潔，注意下水道的暢通和道路的維護。集中人力財力建設郊區。二、提高自來水的品質，使每一市民都能享用自來水。三、澈底檢查消除污染來源，嚴格取締違犯交通規則的事件。四、積極整頓市內各菜市場。五、掃蕩地下賭場、流氓、竊盜、幫會等不法之徒。六、警察人員在執行任務時，都應保持親切和善而嚴格公正的態度。七、改革教育行政，對於私立學校加強考核管理。八、加強社會福利和救助工作。九、鼓勵並獎勵奉公守法，忠勤盡職的市政工作人員，嚴懲貪污舞弊的人員。」

從以上總統蔣公的遺訓和蔣院長的指示中，可以看出臺北市的市政建設應朝下列兩大目標努力：

一、配合國防需要，建設臺北市為現代化的都市。

二、提供市民更安和、更乾淨、更舒適的生活環境。

貳、臺北市現況分析

臺北市由於近十年來人口的大量湧入都市，社會結構隨之急劇變化，依據六十四年六月底戶籍人口統計：全市總人口為二百零七萬零六人，（內男子一百零七萬九千五百零六人，女子九十九萬零五百人）就人口增加率分析，平均每年自然增加率為千分之二〇・五，社會增加率為千分之二一・二，流入本市人口的年齡層在十五至二十九歲之間，隨著人口的增加，相對的給本市帶來許多社會問題。諸如住宅、就學、治安、交通秩序，環境衛生等問題難免發生。

本市計有十六個行政區，面積為二七二．一四平方公里，由於地理環境的關係，人口分佈及職業狀況亦有顯著的差別，城中區、中山區、松山區人口較為密集，其他如景美、木柵、內湖、南港、北投等區人口密度較低，有部份市民從事於農、工生產事業，市場建設及公共設施亦不如其他行政區完善，為適應臺北市進步狀況，和市民工作上、生活上的需要，對於市政建設應作整體性的規劃，依據地區環境及實際情形朝下列方向去做：

一、改善環境衛生，充實公共設施——以樂民居。
二、舉辦技藝訓練，倡導家庭副業——以裕民生。
三、加強社會福利，鼓勵就業生產——以解民困。
四、提倡正當娛樂，樹立生活規範——以正民俗。
五、推行倫理建設，培養敦親睦鄰——以維民風。
六、擴建交通道路，增設公車路線——以利民行。

參、建設臺北市為安和樂利現代化都市的主要途徑

國父孫中山先生在三民主義中昭示說：「建設之首要在民生」。他進一步解釋說：「民生就是人民的生活，社會的生存，國民的生計，群衆的生命」。事凡與市民攸關的生活、生

存、生計、生命等問題，政府自當有周密之計劃，謀求解決與改進，使其過著幸福安樂的日子。要建設臺北市成爲一個現代化的都市，要使臺北市民有安和樂利的生活環境，市民與政府應通力合作，採取積極的步驟，共同循下列途徑邁進：

一、在政府方面：

下列幾項是應做也是刻不容緩去做的事情。

1. **大量興建國民住宅**——「住」爲民生六大需要之一，臺北市因大陸來臺義民多，軍公教人員多，和外縣市來此謀生者多的人口密集地區，住的問題甚爲嚴重，根據六十四年申購國宅四萬六千餘人之多的情形觀察，可知低收入市民對住宅需要的殷切，市政府應策訂計劃分期興建，以貸款方式廉價售予市民進住。

2. **注重郊區發展**——臺北市有部份市區之發展，逐漸達到飽和狀態，而屬於偏郊的幾個行政區，尚具發展潛力，在市區郊區均衡發展原則下，必須有計劃的去辦理。在市區方面，應致力於都市更新；在郊區方面，應致力於公共設施的充實，如交通道路的延伸，市場、醫院、學校的興建、自來水的供應等，將市區住宅疏遷到郊區，使人口獲得合理的分布。木柵馬明潭安康社區的興建即爲一良好例子。

3. **擴建遊樂設施**——公園系統爲都市的肺臟，都市空氣的淨化，濕度溫度的調節，市民的遊樂，市容的美化等，均有賴公園系統的功效。所以改善市民的生態環境，公園綠地的闢係，至爲重要。根據專家統計，世界各國主要都市公園系統面積，比率最高者爲英國的「格拉斯哥」，平均每人享用公園面積二〇·九八平方公尺，其次爲美國紐約，平均每人享用公園面積一八·七一平方公尺，而臺北市的市民每人僅享用公園面積〇·五八平方公尺，故今後有效利用本市的自然環境，增建遊樂設施爲市政建設的重要課題。

4.普及社會福利——臺北市安康計劃，是一項消除貧窮，創造財富的計劃，三年多以來的實施，已有相當成效，應繼續積極推行，從消極的救助與積極的扶持下解除市民的貧困，對無依無靠的擴大收容安養，遭受急難的予以有效救助，具有工作能力的訓練謀生技能，予以輔導就業，達到人人有事做的境界。

5.全力消除髒亂——臺北市的髒亂問題始終爲人所詬病。所謂「髒」，包括環境衛生、及空氣、水源污染。在追蹤管制空氣污染源方面，臺北市政府雖已建立完善的監視系統，亦有相當的成效，但對衛生下水道的敷設擴建，工廠排放廢水的管制，仍須繼續加強。關於環境衛生方面由於巷清計劃的實施，雖已使得數以千計的巷弄獲得改善，但在道路清潔的維護，水溝的疏通，垃圾的清運與處理等應有經常性，周密性的安善措施。所謂「亂」，即指交通秩序問題，臺北市因爲人口日增，各型車輛亦隨之增加，交通秩序問題因而日趨嚴重，應在消除道路瓶頸，增建高架道路及人行地下道，設置停車場所，嚴格取締違規駕駛等各方面來改善交通問題。

6. 加強治安維護——我中華民國的臺灣，國際人士譽爲亞洲最安定的地區，臺北市又爲臺灣首善之區，照理一切表現應爲其他縣市的模範，可是近年來臺灣所發生的偷竊，搶劫案件以臺北市爲最多，在這些犯案中又以國中程度的居首，這說明國中教育以及國中畢業生的出路問題，值得重視，今後市政府應要求各國中加強學生的品德和工藝教育，對於無法升學的國中畢業生予以輔導就業，不時追蹤訪問，積極防止青少年犯罪，以維社會安寧。

二、以上是市政府應做的工作

凡屬公共設施，政府限於財力或時間，一時無法完成者，可鼓勵社會人士或社團投資興建。欲使市政建設獲得預期功效，必須政府與市民密切協調配合，始克有成。下面是市民應有的觀念與作法：

㈠**要建立都市生活的道德觀念**——都市生活與鄉村生活迥然不同，在都市中因各業群集，職業複雜，各人都爲自己的生活而忙碌，每日上班下班，各奔前程。而住的大多數是公寓式的房子，彼此應建立共同的安全感，不論是用電用水或門禁方面都必須相互照顧，打破「各人自掃門前雪，不管他人瓦上霜」的觀念。

㈡**要了解個人生活與社會生活的密切關係**——個人是社會的構成份子，每一個組成社會的份子健全，則社會安定繁榮，因此，每一個市民都應該各守崗位，竭盡所能，貢獻於社會，

凡是政府要求於市民的，必須奉行不渝

㈢**發揮愛國愛群的公德心**——市府與市民猶如血肉關係，政府一切措施都是爲增進市民的福祉著想，一切作爲都是在爲改善市民的生活打算，市民對於公共設施的維護、公共秩序的遵守，公有物品的愛惜都須不折不扣的做到。

肆、結　語

臺北市爲戰時首都，建設臺北市爲安和樂利現代化的都市，是政府的責任，也是全體市民的共同願望，勢在必行。要使這一理想目標的實現，有賴於中央的政策指導，地方政府的努力，以及全體市民的貢獻智慧和力量。

（民國六十五年中央日報台北市政府徵文比賽社會大專組第二名）

如何貫徹勞工政策、促進經濟社會發展

一、前言

現代企業經濟的發展，資本與勞力都是基本的要素；從本質上看，資本是靜態的被動的要素，勞力則是動態的主動的要素。大至一個國家，小至一個企業，擁有優越的勞工，才眞是助長經濟建設加速發展的力量。

我們所建設的是民生主義的經濟與社會，對於勞工更爲重視，勞動者所負的責任也更大。我們的勞工政策，是要在勞資合作的基礎上，使勞工的權利得到充分的保障，使勞工的福祉能夠不斷的增加。政府多年來致力於改善勞工同胞的勞動條件和工作環境，提高勞工同胞的生活水準和教育水準，並不斷的作有計畫有步驟的推動，以實現民生主義的目標。諸如成立職業訓練局，積極推展職業訓練及技能檢定、加強就業輔導，並擴建勞工住宅，建立現代化勞工休閒中心，推行勞工休閒活動。此外，倡導分紅入股，提高基本工資、及依照「勞工安全衛生法」，增進安全衛生檢查。而勞工保險方面，由於保險範圍的擴大，內容的增加，給付的提高，使保險權益更形普及，保險體系日趨完整。台灣地區近三十年來經濟之所以能夠快速成長，工業化之所以能夠順利推展，勞工政策的正確及順利推動實施，應爲重要因素之一。近年來由於工商業的迅速發展，社會結構的急劇變遷，勞工教育水準的提昇，其對個人權益的訴求也相對提高。因此，如何適應勞工的需要，增進勞工的福祉，促進勞資協調合作，以提高生產力，實爲現階段勞工行政工作的重要課題。

二、當前勞工問題檢討分析

㈠勞工組織方面

勞工是生產的動力，也是經濟發展的主力，而工會則是保護勞工權益的樞紐。依工廠法第六條規定：同區域或同一廠場，年滿二十歲之同一產業工人，或同一區域同一職業之工人，人數在三十人以上時，應依法組織產業工會或職業工會。同一產業內由各部分不同職業之工人所組織者爲產業工會。聯合同一職業工人所組織者爲職業工會。由此可知，凡符合上項規定者均應成立工會。關於成立工會的宗旨，在工會法第一條規定：工會以保障勞工權益，增進勞工知能，發展生產事業，改善勞工生活四項。據了解，目前我國的生產工廠，符合前項規定者多已成立工會，殆無疑義。對於工會的任務，在工廠法中規定甚爲詳盡，但由於過去工會的功能，曾被誤解，以致社會各界對工會多不重視，是以良法美意，而工會的功能卻未能充分發揮，勞工行政單位，早已發現這個問題，認爲要加強工會的功能，必須健全工會的組織。而且對於這一點，有四個基本問題必須解決，就是確立各級工會的會所，加強各級工會的幹部，健全各級工會的財務，推展各級工會的業務。在確立各級工會的會所方面，政府已大力推動勞工大廈的興建，但在政府有限的預算下，難以徹底解決，在台灣省方面，雖曾普設「勞工之家」，替工會解決辦公會所的辦法，實際上並未有效解決。

工會的第二個問題是幹部的流動性很大。對於工會幹部，應有計畫的不斷培養，同時也要注意不要輕易的讓有經驗，爲勞工服務多年的勞工幹部，脫離勞工大衆，而成爲代表雇主行使管理權的企業部門領導人士。培養勞工幹部並非易事，對於國情、政策、勞工立法、經社發展，以及相關的專門知識的講授，都非常重要。

至於第三個也就是工會的財務問題。是十分重要的一件事。雖然工會的經費來源包括會費入會費、經常會費、特別基金、臨時募集金和政府補助金等名目，但實際上工會要做的事很多，而經費的收入有限，很多工會仍大嘆苦經，沒錢難辦事。主要的是那些經費來源，都不切實際，除了全國總工會，由於事實的需要，由政府有關部門編列預算補助，也是象徵性的，數目有限。至於特別基金和臨時募集更是空洞，唯一切合實際的是會員入會費及經常會費，這有限的數額，更是無濟於事。

由於經費短絀，工會業務的推動也就感到困難了。在工會法中雖規定工會的任務有十四項之多，如挑選其中最重要的來推動，仍然還是可以有其效用。這十四項任務中，最重要的是團體協約的締結，因為團體協約是勞資地位的正常規範，有了團體協約，才能使勞資地位平等、互惠、互助、合作，也才能把勞資糾紛或爭議消弭於無形，政府對此十分重視。

㈡勞工教育方面

教育是智識的泉源，而智識是處理問題、做人做事的動力。行政院勞工委員會於七十七年三月二日修正發布「勞工教育實施辦法」，並即時展開勞教師資的調查與編册，提供事業單位做為聘請教師的參考，並且委託專家學者編輯勞工教育教材，協調大專院校開辦勞工教育夜校或設立勞工專業訓練課程，可見政府對勞工教育的開展已有具體計畫。關於勞工教育的推動者應該是工會，工會的宗旨有四項，在前面已經說過，要達到這四個目標，均應從勞工教育推進著手。工會為謀取勞工福利，應依會員的需要，擬訂教育實施方案，逐步實施。

對於青少年工人的勞工教育，應從文康育樂活動著手，然後指導他閱讀有興趣而內容豐富的書籍，自然獲益良多。

對於女工教育，依其所好，配合辦理交際禮儀，縫紉、烹飪、嬰兒保育、衛生健康、室內佈置、菜苗花木培植等有關課程，任其選擇就讀，使她們得到裨益。

關於一般勞工教育課程，其內涵應包括：勞工法規、勞資關係、勞資糾紛的處理程序、公民教育、國際關係、企業組織與管理、工會運作、國際勞工會議等科目，任由工人自選。採取短期開班培訓，邀請專家演講，配合廣播電化效育，或選擇安排工運幹部參加，或配合週末旅遊作機會教育，引起會員們自動自發參加的興趣，促進工會運動的正常發展。

頗具規模的大企業單位的勞工教育，則應請配合需要辦理專業訓練，如勞工安全衛生、緊急救災、品質管制、電腦操作、工會幹部訓練、消防人員訓練等。

總之，勞工教育的實施，應多方面配合辦理，以應事業單位的需要，爲了要有素質優良能力高強的員工，對於勞工教育資方實應擔負主要的責任，因爲能力強技術高超的工人，必能提高工作效率，生產優良的成品出來。據所知有一些工廠是做得很好，有一些和上面所講的相距很遠，在工會同胞奮發推進其應得權益的今天，全體勞工對於勞工教育這項具有永久效益的活動，更應有具體而深切的認識，合作努力向前推展，以求得最大的效益。（註一）

㈢勞資關係方面

勞資關係的和諧合作，是安定社會、健康生產秩序、促進經濟高速發展的基本條件之一。

國父的民生主義，特別重視這一關鍵，且創立一套積極解決辦法。在民生主義的進程中，和諧合作只是過渡的形態，勞資一體才是所追求的最高目標。到那個境界無論在形式上、實質上，都無所謂勞方與資方，兩者融合爲一，成爲經濟發展與社會福祉具體勞力的整體的分子，亦即目標一致、路線一致、利害一致的共同體。政府歷年來各項有關勞工政策，無不處處兼顧「勞資兩利」原則，資方要以各類福利措施照顧勞方的利益，勞方也要增進工作效能，以達成生產的要求。（註二）由於政府勞工政策的正確領導，我國勞工福利日趨完善，勞資關係的和諧，更常爲世界各國所稱羡。但近幾年來情形略有變化，隨所得水準之提高，工業所占比重之增加，不僅勞工的流動率增高，勞資糾紛亦有日漸升高的趨勢。尤以晚近一兩年，由於政府宣布解除戒嚴以後，民衆街頭運動的興起，自力救濟事件的不斷發生，也帶動勞資爭議事件的增多，在去年一年之中這類案件共計一千九百四十三件，較上年增加六百二十九件，增加率百分之四七點九。這一現象，如不及時改進，將會阻礙我國經濟成長，並影社會安寧秩序。何以近幾年來勞資糾紛事件會增加？分析其原因，可能有下列諸端。

第一、國內工業發展迅速，勞工的人數日增，尤其大型企業，雇用的勞動者人數較多，易於產生一種團體意識。

第二、勞工的收入增加，生活改善，且受教育的時間較長，對自己的權益逐漸瞭解，並爲保障自己的權益而採取行動。

第三、我國有關勞工立法尚不完備，現行法律多已施行多年，不足適應快速發展後的新情勢。同時我國工會組織亦未能充分發揮應有的功能。

第四、資方的觀念與對待勞工的態度，未能隨經濟進步而同時進步，對勞工應享的權益未能有合理的尊重與保障。

勞資關係的和諧，是勞工行政落實的顯現。勞資關係並非一定對立、對抗。和諧合作才是正當必要的，至於如何增進勞資雙方關係之和諧？

第一要確立勞資平等的觀念，不能因爲勞方是弱勢的一方而傾全力打擊資方。

第二要維護勞資雙方基本權益，勞方爭取合理權益固然受到尊重，事業主經營獲得的權利也不可以漠視。

第三要培養勞工權利義務平衡的觀念及良好職業道德，也就是談勞工權益的同時亦應重視義務。

第四要加強勞資雙方之溝通，在勞基法中有召開勞資會議的決定，事業主要徹底實施，進行必要的溝通。

第五要建立合理之勞資爭議處理制度，使爭議事件能在法令規範下獲得解決。（註三）

爲了有效貫徹的作法，今後政府應以更負責的態度，克服任何困難，使勞資都能體會民生主義勞資關係理論的精神，在政、勞、資三方面的配合下，逐漸建立完善可行的制度，保持良好而和諧的勞資關係，共同爲我國的工業化而努力。

(四)勞工安全衛生方面

政府爲防止職業災害，保障勞工安全與健康，於民國六十三年四月三日頒布「勞工安全衛生法」，對於職業損害的範圍、安全衛生的設施、安全衛生之管理、監督與檢查單位之權責以及罰則等均有明確規定，但近幾年工廠危險事件，尤其礦場的災變，仍時有所聞，足證檢查工作尚待認眞加強實施，値此我國工業發展的現階段，如何使工業安全衛生工作發生實效，必須嚴格執行勞工檢查制度。美國勞工安全衛生檢查工作做得最好，値得我們取法。我認爲要改進以往的缺點，首須檢討現行法規的得失、統一勞工檢查機構、訓練檢查人員、並採取作業環境評估制度，評估作業場所的危險性，從而掌握工礦衛生的重點，實施重點檢查督導改善作業環境和危險性。

㈤勞工保險方面

近代進步的民主國家，在講求社會安全制度的同時，無不以勞工保險爲社會保險的重要環節。我國政府，爲保障勞工生活，促進社會安全，從民國三十九年三月創辦勞工保險，至今已屆滿四十年，在四十個年頭裏，勞工保險制度確給勞工帶來很大的福利，但檢討整個制度，難以令人滿意的地方仍然還有，根據台閩地區勞工保險局的統計：截至本（七十九）年三月止，台閩地區目前投保勞工保險的單位，計達二四萬六千二百九十九個，投保人數六百三十一萬七千七百七十四人，核發的各種保險給付達五百三十四億八千八百一十多萬餘元，自三十九年三月至七十八年年底止，共計給付二千九百三十三億七千五百四十八萬餘元，連同勞工家屬的受益人數，占台閩地區總人口的三分之一。對改善勞工生活、協調勞資關係、促進生活安定、發展經濟建設，確實具有不可磨滅的功績。但由於社會不斷的變遷，經濟結構的日新月異，使得勞工保險問題仍時有反映，主管單位當時時檢討改進。如簡化勞保手續，以嘉惠勞保受益人；覈實勞保工資，以維護勞工權益，健全指定醫療院所，以提高勞保醫療水準、以及貫徹強制投保等，都是改善勞保業務的當前急務。

㈥勞工福利方面

勞工福利可以彌補工資制度之不足，許多國際間的第一流大企業，其員工待遇不一定很高，但是福利辦得特別好，爲員工解決生活上的問題。我國三民主義的勞工政策，就是重視民生問題，目前政府主管機關正大力輔導辦理，諸如辦理「失業勞工創業貸款」，幫助失業勞工自力創業，辦理「勞工住宅貸款」，輔助勞工購建住宅，興建勞工新村、設置勞工食堂及康樂設施，舉辦旅遊活動，及平價供應日用品等，使其爲事業安心工作，盡力貢獻，收到的效益，遠超過福利設施的支出。據悉目前遠東紡織公司板橋廠的各項福利設施辦理非常完善，如游泳池、電影院、餐廳、咖啡屋、高爾夫球場、網球場、體育館、溜冰場、兒童樂園、醫院、圖書館、員工宿舍等等，都是高水準的設備，專供員工及眷屬利用，如果國內企業界都能以此爲模式辦理，將使勞資合作工業發展，開展一個新的境界。

㈦職業訓練與輔導就業方面

蔣故總統經國先生於民國六十六年三月，以行政院長身份向立法院提出的施政報告中，對於改善生產結構，曾明白的說：「轉換工業生產形態，是我們工業走向現代化的必經歷程」。並說：「我們覺得，工業升級，有賴於標準化的品質管制，現代化的工業技能，多元化的市場推銷，以及合理化的企業經營管理。而這些要求，無不需要長時期的研究發展與人才的培養，方能點點滴滴，累積成果。」

由這一段話可以知道，改善生產結構，是使我們工業走向精密化、高級化、現代化的必經途徑，政府有鑑於此，成立專責機構，負責研究發展職業訓練協調推動的各項計畫，近十多年來，政府爲適應技術人力之日增需求，對職業訓練之推動不遺餘力，迄今已設置具有相當規模的工、農、魚、電器、汽車技術及金屬工業等類職業訓練機構十餘所。六十一年復頒佈「職業訓練金條例」及其附屬法規，成立「全國職業訓練金委員會」，並於六十二年三月開始向製造、營造、礦業、水電、煤氣及交通運輸等各事業單位徵收職業訓練金，而使得我國的職業訓練工作有大步的進展。

在經濟持續發展的現階段，人力的培養與運用，比資本的累積和天然資源的開發，更爲重要，要培養具有專門技術，足以符合社會各界各業的需求人力，自須從教育著手，但在推動各項建設，需人孔多之際，由正規學校教育畢業的青年，爲數有限，而且緩不濟急，必須擴大職業訓練，以期即訓即用，配合緊湊。近幾年來，政府成立了幾個規模比較大的職訓機構，如勞委會所屬的泰山訓練中心、北訓中心、中訓中心和南訓中心，行政院青年輔導委員會青年職訓中心，省政府的北訓中心、南訓中心，台北市政府的職訓中心，高雄市政府的職訓中心，工業職業訓練協會辦的東區職訓中心……等，都是辦些短期職業訓練的機構，對於職訓師資及工業技術工人的培養，尚未能滿足目前的需要。

至於就業方面，勞工是就業人口最大宗，七十八年勞工人數達五百三十六萬人，政府爲配合經濟與社會發展，輔導國民就業人數爲九萬零一百一十九人，較上年減少二萬二千一百零一人，求才利用率百分之十八點六四，也較上年的百分之一十九點二六降低零點六二個百分點，顯示求職管道多樣化及就業機會多於勞工供應等現象。（註四）

(八)勞友服務方面

爲勞工朋友服務，是政府最具體的增進勞工福利的工作，台灣省、台北市、高雄市，均設有爲勞工服務的機構，內部的育樂設施也非常完備。以台北市爲例，將原社會局的「勞友之家」改爲育樂中心，提供勞工食、宿、休閒活動場所，並解決單身勞工的居住問題，另在全市適當場所，設置計程車司機服務站七處，提供計程車司機的休閒、諮詢、閱讀書報、閱賞電視及奕棋等活動，諸如此類之育樂服務，不僅可以提昇勞工生活品質，並可促使勞工身心發展，拓展人際關係。

三、落實勞工政策，促進經濟社會發展的作法

政府對於勞工福利與勞資合作，向極重視，六十二年五月，行政院曾訂頒「保障勞工利益，改善勞工生活方案」。該方案包括：「立即採取之措施」及「修訂法律、研訂辦法及調查研究之措施」二大類，計十六項，諸如「保障勞工安全衛生法」、「合法規定工作時間」、「嚴格限制童工工作時間」、「加強勞工福利設施」、「提高職工福利專款」、「切實辦理職業訓練」、「解決勞工居住問題」、以及「修訂勞工保險條例，改進勞工保險措施」等，這一連串具體措施與要求，經政府有關單位規劃實施，統籌辦理，雖有顯著的成效，惟時代變遷，潮流推移，勞工的慾望訴求也日漸升高，面對著新的情勢發展，應本著「求新」「求變」的態度，實事求是的作法，朝下列幾方面去努力落實勞工政策，再創經濟發展的奇蹟。

㈠從修訂勞工法令上做起

有關勞工的法令很多，最主要者有工會法、工廠法、團體協約法、勞動契約法、勞工基準法、勞資爭議處理法、動員戡亂時期勞資糾紛處理辦法、勞工安全衛生法……等，政府應以積極態度，廣徵各方意見，修改其中不合時宜的條文，對於既定之法令，應以周全的準備，堅定的信心，加強推動修行，省市政府亦可因應地區特性，在不違背中央政策要求之下，擬訂單行法規，據以處理勞工單一問題。

㈡從溝通勞資概念上著手

重視勞工福利，與促進勞資合作，為三民主義勞工政策的重點，其主要精神係本於 國父遺教中所指示：「社會之所以進化，是由於社會大多數的經濟利益相調和，不是由於社會大多數經濟利益相衝突，就是要爲大多數人謀利益，大多數人有利益，社會才有進步」，針對此一昭示，必須採取下列途徑，方能達到預期的效果。

1.由政府舉辦勞資關係座談會，或勞資關係研討會，使勞資雙方重要人員共聚一堂，掏誠相見；並就勞資雙方有關問題，以及國際情勢，提出討論，破除隔閡，獲得共同一致的觀念。

2.由政府分區舉辦勞資關係講習會，分別遴調公民營企業工業關係與管理人員，以及工會團體職員與會務人員，聘請專家學者，講解我國勞工政策、勞工法令、勞工問題及國際現勢，使勞資雙方人員瞭解法令熟習業務、溝通觀念。

(三)從增進勞工知能上奠基

蔣故總統經國先生於民國六十七年九月廿七日在全國勞資關係研討會中指示：「我們應當將工廠視爲學校，使得勞工能學到更高的知識。」關於科技和知識的進修，在科技知識爆炸的今日，乃是免於落伍的唯一辦法，勞工們固然是需在科學理論上去鑽研，但科學技術的與時俱進，則對工廠生產量的增加與質的改善，必能產生集衆人之智慧於一個共同目標之作用。須知時代不斷進步，科學知識日新月異，惟有提高員工技術，始可提昇勞動生產力，日本人提倡「終身教育制」，就是要從科學、技術創新、研究、應用等方面去做，以達到提高生產力的要求，促使公司業務日隆。

㈣從改善勞工福利上紮根

增進勞工福利，是振奮勞工士氣、提高工作效率最有效的途徑，已為世界工業國家所重視，先總統　蔣公於民國四十一年「五一」勞動節告全國勞工同胞書：「大家知道工人最需要的是福利，而福利與生產是不可分離的。就是勞資關係，必須建立在互助合作的基礎之上，資方應當在發展生產中重視個人的福利；勞工必須從努力增產中，去求福利的增進，這樣才可以勞資雙方俱蒙其利」。勞工福利包含的範圍很廣，最直接受惠的，莫過於使勞工在衣、食、住、行各方面，得到更舒適的生活條件，祇要合乎現代一般水準的衣、食、住、行，則是激勵每一個人努力工作的一大媒劑。如果勞工們上班時有廠方所發的工作服可穿，有價廉實惠的午餐可吃，有鄰近廠址的房子可住，上下班有便捷的交通車可乘，則大家必然敬業樂群，以愛家庭的心情去愛工廠，達到「以廠為家」，與工廠共榮共存。

四、結　論

我國的勞工政策甚為正確，勞工福利措施亦稱完善，與世界最進步的工業國家相比，並不遜色，凡是政府能力所及者都先後訂定計畫實施，自從七六年八月行政院勞工委員會和省、市政府勞工局成立後，更有專責機構負責推動，行見有豐碩的成果展現。惟時代在變，潮流在變，勞工的慾望需求隨之提高，不能以過去的成就爲滿足，更須劍及履及，隨時發掘問題解決問題。勞工是經濟發展的主力，是創造國家財富的動力，是勞資相互依存的定力，惟有政、勞、資三方面結合起來，同心一德，和衷共濟，始可達成國家經濟建設的目標。（行政院勞工委員會民國七十七年徵文比賽優等獎）

註　釋

註一：張天開撰：工會與教育

註二：國父著：三民主義——民生主義

註三：趙守博：七十七年第一次全國勞工行政會議報告

註四：行政院主計處公布：七十八年國情統計速報

中華文化復興之道

一、何謂文化？

「文化一詞」簡言之就是文治教化。這一名詞，在我國最早的古籍，爲易賁卦象「觀乎人文以化成天下」。孔穎達易正義中謂「觀乎人文，以化成天下，言聖人觀察人文，即詩書禮樂之謂，法此教而化成天下也」。程伊傳易傳曰：「人文人倫之倫序，觀乎人文以教化天下，天下成其禮俗」。清人彭申甫在其所編之易傳義解法辨正稱：「大言之，則國家之禮樂制度，小而言之，則一身之車服，一家之宮室」。此與西方學者稱文化爲生活方式，不謀而合。近世龍冠海教授所著社會中對文化的解釋：「文化是人類生活的總體，包括人所創造的一切物質的非物質的東西……。換言之，文化係社會中普遍存在的人爲現象。它是人類爲之求生存，以生物的和地理的因素爲根據，在團體生活和心理互動的過程中，創造出來的人爲環境和生活道理及方式。」大凡人類社會由野蠻進爲文明，在不斷的生存競爭的過程中，其努力所得之成就表現於各方面者爲科學、藝術、宗教、道德、法律、風俗習慣等，其綜合體則謂之文化。

二、中華文化的特質

古今中外對「文化」一詞的解說很多，美國社會學家克羅孔（Clyde Klu ckhshn）也說：「文化是歷史的知識和生活經驗的累積，是一個民族生活、語言、風俗習慣等等諸因素的綜合表現」。每個地區有每個地區的文化，每個民族有每個民族的文化。各地區的各民族都有各自不同的生活經驗，自然有不同的文化特徵，民族文化代表一個民族的特性、民族精神和其民族習慣，中華文化充分表現了中華民族的特性和氣質。我們中華傳統文化是建立在倫理、民主、科學三大基礎之上。先總統　蔣公指出，盡己之性是倫理、道德，盡人之信是民主、自由，盡物之性是科學與建設。「倫理」、「民主」、「科學」三者是三民主義的基本內涵。

「倫理」是我國固有文化的精髓，也是人類共生共榮最輝煌的智慧之結晶。論語學而篇有云：「孝弟也者，其爲仁之本歟」。大學之首章亦有所謂：「古之欲明明德於天下者，先治其國；欲治其國者，先齊其家；欲齊其家者，先修其身；欲修其身者，先正其心；欲正其心者，先誠其意；欲誠其意者，先致其知，致知在格物。」這一套由內向外逐步推行的「格致、誠正、修齊、治平」的道理，正說明了禮運大同篇所代表的三民主義世紀的大同世界中，中國人的人生觀——「故人不獨親其親，子其子，且使老有所終，壯有所用，幼有所長，鰥寡孤獨廢疾者皆有所養」。

「民主」是現代化國家一切進步的基本制度。我國固有的「民爲本」以及天視自我民視，天聽自我民聽，就廣義言之，民主不僅是一種政府的形式或法治的體制，民主也是一種生活方式。我們如果養成尊重民權，恪守法制的基本觀念和生活習慣，並使它蔚爲風範，則「國人相視，皆伯叔兄弟，諸姊妹，一切平等，無貴賤之差，貧富之別，休戚與共，患難相救，同心同德，以衛國保種自任」，也自然能夠臻至「於內則選賢與能，講信修睦，於外則繼絕舉廢，治亂持危」的境界，而達到「大道之行也，天下爲公」的理想。

「科學」是現代社會進步的原動力量。中國近代科學落後是造成一切落後的主要原因，我們恪遵　國父遺教所昭示「迎頭趕上的科學原則，從事五大建設，使人能盡其才，地能盡其利，物能盡其用，貨能暢其流」，達到「均無寡、安無傾」，「貨惡其棄於地也，不必藏於己，力惡其不出於身也，不必爲已」，以及「衣食萬物而不爲主」的地步，同時，思想觀念、行爲方式都要合乎科學的原則，做到「博學、審問、愼思、明辨、篤行」及知止而後有定，定而後能靜，靜而後能安，安而後能慮，慮而後能得」，物有本末，事有始終，知所先後，則近道矣」的工夫。

國父擷取我中華文化之精華，創立三民主義，以繼承我中華民族之道統爲己任，使我五千年民族文化歷久而彌新。他主張在民族方面：「有道德始有國家，有道德始成世界」；民權方面：「第一決定者爲民主」；民生方面：「凡事皆要憑科學道理才可以解決，才可達到圓滿目的。」故其建國之道，是以倫理爲誠正修齊之本；以民主爲福國淑世之則，以科學爲正德、利用、厚生之實，故倫理、民主、科學三者爲三民主義的本質，亦就是中華民族傳統文化的基石。

三、我們對文化復興應有的認識

文化復興的主要目的，不僅在恢復固有優良傳統，而且要創造嶄新文化。「復興」並不是「復古」，也不是盲目的守舊，而是有選擇性的從事「溫故知新」、「革故鼎新」的工作。在觀念上必須以固有文化爲基礎，然後日新又新，隨著時代邁進。因此，我們談文化復興，首先對中國的優良傳統，就須有深刻的認識。什麼是中國的優良文化呢？從下列三方面就可以知道一個梗概：

第一、中國文化的本體是「仁」。章太炎先生說：「中國文化是溝通人與人的文化。」所謂人與人的文化，便是說明中國文化的本體是「仁」，關於「仁」的道理，在四書中處處可見。「仁」就是二人相合而成。也就是說：「一個要爭取自己的生存，也要同時爭取他人的生存，這就是共生共存的道理。所謂「己欲立而立人，己欲達而達人」。這種「推己及人」的精神，正代表「親親而仁民，仁民而愛物」的德性，早爲古聖先賢教誨之要目，足證中國五千年來立國的倫常關係建立在五達道，亦即「父子有親，君臣有義，夫婦有別，長幼有序，朋友有信。」這種由親而疏，由小而大，由近而遠的關係，最後趨於「四海之內皆兄弟也」的共存共榮的世界。

第二、中國文化的動力是誠。我們發揮仁心，必須要見諸行動，勢必藉「誠」爲力量的泉源。中庸上有云：惟天下至誠，爲能盡其性，能盡其性，則能盡人之性，能盡之性，則能盡物之性，能盡物之性，則可以贊天地之化育，可以贊天地之化育，則可以與天地參矣。」亦即「誠則形，形則著，著則明，明則動，動則變，變則化」。由誠而形而著而明謂之文明，由明而動而變而化謂之文化。無論一個生命，一個組織，一個物體之形成，必須有一個中心動能之所在，所以說「誠之終始，不誠無物。」由是可知「誠」是我國文化發展的大動力，亦爲個人修身之根本。

第三、中國文化的重心是「中」。「中」是我國五千年來文化的重心，也是我國五千年文化衡量的準則。大學上所說的「所惡於上，毋以使下；所惡於下，毋以事上；所惡於前，毋以先後，所惡於後，毋以從前；所惡於右，毋以交於左，所惡於左，毋以交於右；此之謂絜矩之道。所以「中」字可以說就是這個絜矩」之道。程子解釋中庸二字說：「不偏之謂中，不易之謂庸；中者天下之正道；庸者天下之定理。」當堯帝傳位於漢舜的時候說：「允執厥中」，而舜禪位於禹時則說：「人心惟危，道心惟微，惟精惟一，允執厥中」。可見「中」

的道理，是我國古代聖賢相傳的心法，我們這個國家所以名之爲中國，亦正說明我們具有泱泱大風，具有同胞愛和人類的民族愛的民族性。

因此，「仁」、「誠」、「中」三者統攝起來，「于己曰誠，于人曰仁，于事曰中，便是我國文化的精蘊。　國父手著「三民主義」乃是繼承中國五千年文化道統而將他發揚光大，所以說國父的三民主義思想實在是博大精深蓋世無與倫比。

四、中華文化復興的途徑

我中華文化自堯、舜、禹、湯、文、武、周公一脈相傳至孔子集其大成。迨　國父創造三民主義，使道統文化又一次集其充實而有光輝之謂大，大而化之謂聖」的大成，由是可知我中華文化是歷經錘鍊，逐漸累積而來，能夠「放之四海而皆準，百世以使而不惑。」正值我三民主義的中華文化發皇燦爛，人類履道坦坦之際，毛澤東乘此空隙乘此空隙秉承共產國際的指示，顛覆政府，佔據大陸，初以「土地改革」作幌子，繼則實施「三大改造」、「三面紅旗」，以及「人民公社」等暴政，復異想天開，不惜孤注一擲，驅策千千萬萬幼稚無知的「紅衛兵」，進行所謂「文化大革命」，企圖以最原始最野蠻的殘酷手段，毀滅我數千年固有傳統文化，弄得整個大陸烏煙瘴氣，雞犬不寧，我們面臨著這一個內外衝擊的局面，凡是深受傳統文化薰陶的黃帝子孫，自不能坐視容忍，必須人人以推行文化復興爲己任，肩負起繼往開來的責任，以任重道遠的精神，朝向復興之路，無論個人與政府必須從下列幾方面去努力：

㈠**整理文化遺產**：我們知道，在中國固有文化之中，有具有時代價值者，亦有不合時代要求者，負責教育及文化的事業機關，應邀集國內外專家學者，將我們的經史典籍，文物制度，名勝古蹟，以及風俗禮樂等，作有系統而審愼的研究整理與抉擇，大量翻印爲人治事，敦品勵德一類的經籍，並規定各級學校將某些古書列入必修課程。

㈡**發揚固有道德**：中國文化經整理與抉擇之後，凡有永恆價值及含乎時代要求者，不僅要迅速恢復與澈底維護，而且要把它發揚光大，充實其內涵，擴展其範圍，以期有助於國家民族的復興，例如中國文化中的「四維八德」，與「敬老崇孝」、「忠恕仁愛」之道，都是千古不朽的哲理。這種傳統的德性，也就是外國所沒有的，我們應該予以發揚光大的固有美德。

㈢**創造嶄新文化**：人類的文化是不斷隨著時代演進的，對於中國文化除研究保存優良傳統之外，還要推陳出新，因爲時代的進步是前後相連，由舊的文化產生新的文化，是遞嬗推演的方式，在作法上不能捨本逐末，截然拋棄傳統，令人無所適從，爲了適應時代，應以我們原有的文化做基礎，積極研究西方的原子科學，學習歐美的長處，使我中華文化，變成嶄新的內容，躍然駕乎歐美之上，以宏揚於世界。

㈣踐履有恆務實：「文化」不是一個抽象的名詞，推行文化復興運動，也不是空喊口號，而是要從實踐力行一點一滴做起，要以實幹、快幹、硬幹和心到、手到、足到的實際行動，從個人生活爲出發點，以先總統　蔣公手訂的「生活規範」爲準則，由一點到全面，不論家庭、學校、社會各階層，都要齊頭並進，加強教育宣傳，務使擴大影響，蔚爲風氣，使中國固有文化能在廣大的社會基層生根，成爲持久的工作。

五、結　論

先總統　蔣公曾經指出：「三民主義的本質爲倫理、民主、與科學」。同時又召示我們：「中華文化復興運動，實際上就是三民主義的實踐運動。」因此，我們要遵循這一指示，把握三民主義的本質——倫理、民主、科學的要求，重視倫理道德，維護民主制度，發展科學知能，以加速三民主義的實現。一方要把中國固有的優良傳統文化及善良風俗予以恢復，使之發揚光大；一方面要適應時代的需要，吸收西洋文化，融會貫通，創造一個合乎倫理、民主、科學要求的三民主義新中國。我們是黃帝子孫，我們是時代青年，應該負起「爲往聖繼絕學，爲萬世開太平」的責任。

（台北市社會教育館文化復興運動徵文比賽大專組第二名）

如何推行社會革新運動

壹、前言

國家之治亂，繫於社會之隆污，社會之隆污，繫於人心之振靡。個人和社會，是「有機的一體」，社會由構成分子的個人集合而成，又因各個人的協力工作，社會始能活動自如。所以沒有離開社會的個人，也沒有離開個人的社會。社會和個人利害是息息相關。人類的生活，由部份和個別看來，是各個個人，由全體和綜合看來，則爲整個社會。所以個人的進步，繫於社會的進步；社會的進步，亦繫於個人的進步。尤其在現代工商業發達的社會，社會生活的範圍，更見擴大，個人和社會的關係，日益密切；個人的活動，立即會影響社會；社會的活動，亦會立即影響個人，由此可知個人和社會關係的密切了。

政府遷台以後，由於經濟建設獲得輝煌的成就，人民生活水準顯著提高，社會日趨繁榮，許多人存有樂不思蜀的心理，對於本身所負的任務，對於滅共復國的「戰時心理」都不免逐漸鬆懈，而社會風氣亦少見有「戰時生活」的色彩，特別是各大都市，日間車水馬龍，肩摩轂擊，晚上金迷紙醉酒綠燈紅，人們置身其間，耳目接觸之所及，但見歌舞昇平，而不容易看到一種「戰時」的景象，在這種生活環境之下，人們習焉不察，也就慢慢養成一種痲痺玩忽的心理，各種社會問題亦隨之發生，如不及早謀求改進，其影響所及，將不堪設想！因此今天要從速找出社會上的不良風氣，對症下藥，徹底革新，俾能早日完成滅共復國的任務，進而建設富強康樂的國家。

貳、目前社會上的不良風氣

今天社會上的不良風氣，我們從報章雜誌所看到的，從人們傳述中所聽到的，綜合起來，大約可以分為下列幾種現象。

一、貪污縱欲

貪污的方法很多，有個別貪污，利用機會拿回扣、收紅包，以飽私囊。有集體貪污，官商勾結，虛報賑目，更有利用公款開設行號，求個人發財，有污必貪，喪盡了天良。

二、奢侈淫靡

生活靡爛，用途揮霍，個人公餘的消遣，商場生意的邀約，公務人員的應酬，處處表現輕鬆放蕩，上酒家，入舞廳，逛觀光飯店，進地下賭場，認為是正常的行為，一般社會中還有「朱門酒肉臭」的情事。這種奢侈浪費的習性，對於社會風氣的影響很大。

三、虛偽浮誇

講求表面，不重視實際。朋友對待朋友，部下對待長官，都是一套冠冕堂皇的詞令，做事粗枝大葉，做人虛浮不識，儘量隱藏缺點，誇耀優點，一切重視現實，不講求道義，養成你詐我僞的欺騙之風。

四、保守敷衍

故步自封，不知求進步，一提到革新，就認爲是推翻過去，否定現在，惟恐增加麻煩自找困擾，一動不如一靜，多一事不如少一事，還是因循過去，率由舊章不會發生差誤，在工作執行上消極應付，在工作態度上馬虎了事，抱著少做少錯，多做多錯不做不錯的觀念。這種保守落伍，敷衍塞責的劣根性，正是社會進步的絆腳石。

五、推脫稽延

公務人員處理業務，不論情勢怎樣緊急，不管工作如何重要，總是滿不在乎，抱著大而化之的態度，一件事情的處理，請示再請示，開會再開會，一拖再拖，今天過去，還有明天，明天過去還有後天，公文往返旅行，整日在業務上兜圈子。這樣辦公不辦事的習性，還能夠提高工作效率嗎?工作效率低落，又如何能談革命救國呢?

六、麻木鄉愿

今朝有酒今朝醉，明日無食明日憂，懵懵懂懂過日子，不明是非，不辨善惡，對上級，

「是！是！是！」對朋友「好！好！好！」祇求個人的溫飽，不管他人的死活，一件事若要徵求其意見，則唯唯否否，可東可西，既無主見，又無意見，不批評他人，也不檢討自己，這樣的人眞是痲木不仁，醉生夢死，悠悠忽忽的混世者。

七、好逸惡勞

幻想將來，不滿現實，既想生活優裕，又不肯吃苦奮鬥。看到人家生活改善，一味眼紅，妒忌。祇知道講待遇，談享受，交付他的工作，沒有能力勝任，輔導他就業，又無一技之長，整日無所事事，游手好閒，最後走上失業之途，成爲社會的蠹蟲，這是目前社會中的嚴重問題，如不徹底解決，將影響革命工作的進行。

八、自私自利

做任何事情，先考量一番，看對自己有無好處，有則鑽營奔走，拼命爭取，爲了達到目的，不擇手段，無則盡力推脫，設法逃避，處處替自己著想，事事爲個人打算，這種爭權奪利只顧個人的滿足，不顧國家民族的利益，只知道享受權利，不曉得竭盡義務的觀念和作法，如不迅予根絕，則阻礙社會建設的推行，抵消了革命建國的力量。

以上所列舉的這些不良社會風氣，雖然是一時的現象，而不是一種常態，是部份人的行爲表現，而不是普遍的通病。但星星之火，可以燎原，當此加強社會建設，積極準備完成復國建國任務之時，我們必須知病去病，匡救時艱，以求更大的進步。

叁、不良風氣形成的原因

社會風氣的敗壞，當然不是短期間所形成的。我們坦誠的檢討過去，認眞的觀察現在，多方面的研究分析，細心的推敲驗證，找出眞正的癥結所在，拔本清源，清除弊端。

一、農業社會的積習

中國五千多年來的農業社會，原有忠厚純樸之風，和吃苦耐勞的美德，但不可否認的，也有很多的不良習性。如輕忽時間，遲鈍散漫；不重數字，模糊不清；消極頹唐，對人生世事漠不關心；遇事把殘守缺，不知奮勉向上；這些不良的習性，如果不從速覺悟振作，痛切悔改，讓它繼續保持下去，那我們將無法適存於現代的世界，更無法廁列於現代文明國家之林。

二、傳統觀念的深固

我國社會的積弊，確實根深蒂固，政府遷到台灣以後，雖然有若干的改革和進步。但大部份仍然積重難返。例如工作上不分本末，不懂得分工合作，凡事含糊籠統，模稜兩可，精神上不知道團結奮鬥，只顧個人權利，不顧共同義務，觀念上違法徇情，重私輕公，一切行爲，以個人爲本位。服務態度上因循苟且，推諉塞責，只知道畏難卻顧，投機取巧，而不肯任勞任怨，解決問題。　總統曾在「整理文化遺產與改進民族習性」一文中指出，要想把整個中國社會現代化。必須把原有病態惡習，痛切根除，事實上有了這些惡習，社會如何有進步呢？

三、西風東漸的影響

國民在思想上原本是保守舊風，在生活上是簡樸，衣食祗求溫飽，住宿祗求棲身。節儉樸實是社會傳統的德性，自門戶開放政策實施以後，歐美洋化之風慢慢地蔓延我國，使國民生活方式逐漸改變，吃西餐，穿迷你裝，住洋房，乘小轎車，一切都是高級享受。近十多年以來，由於國家經濟發展迅速，國民所得增加，社會日益繁榮，更由於國民生活水準的提高，社會風氣演變而日趨於浪費。茶室、咖啡館、酒吧、舞廳、夜總會，猶如雨後春筍的應運而生，於是社會呈現一片奢靡的頹風，如不能善於肆應，就是落伍，跟不上時代，這種不良風氣對於我國社會爲害不淺。

四、國家刑罰的不嚴

國家的刑罰是在懲治奸邪，以儆傚尤；然而現在有些人漠視國家的法律，判者儘管判，犯者仍然照犯。推究其原因，不外乎舊有法律，不能適應當前的需要，不是刑罰失之過輕，便是不切實際，使犯罪的人，無所畏懼，或由法律審理案件遲緩（經過偵察、審理、執行。）三審過後，即或處以重刑，亦已失去儆戒之意，因是貪污、搶劫、盜竊、兇殺之風無法戢止。刑罰不嚴，如何使社會風氣改變？

肆、革新社會風氣的要領

社會上不良風氣的形成，既然是長久時間的積習和人爲的因素，慢慢的積微成著，要談革新，也許有人以爲是一件不太容易的事，實在只要企圖上下有決心有毅力，人人能潔身自愛，依照下列的要領，共信共行，是必定能革除舊的惡習建立新的風尚的。

一、根絕四大惡德

總統在「革命教育的基礎」訓詞中，指出今日幹部的通病，就是「私心，偏心，欺心，疑心」四者，今天我們要推行社會革新，必須首先根絕這四大病根。

㈠**私心**：凡具有私心的人，他只有個人，而沒有國家，只有權利而沒有義務，患得患失，貪求名利。如果我們能夠時時丟私慾，存天理，事事替他人著想，無論治事、待人，和衷共濟。推廣起來，也就是要能達到「己立立人，己達達人」的胸懷，如此做任何事情則無往而不利。

㈡**偏心**：有偏見的人，一切行爲以個人爲本位，執一不化遇事主觀武斷，不能協調合作。以剛愎爲率性，以私慾爲當理，甚至於反科學，反組織，亦毫不顧慮。我們今日要人人都能去此病根，致其良知，存心正直，不偏不倚，一切合乎合理，決無偏而不正之患了。

㈢**欺心**：「欺」就是作爲，也就是要掩其不善而揚其善，亦即王陽明所說「要求外面做得好看，卻與心全不相干」，這些毛病，如不除掉，對於世道人心影響很大，戒除欺心之道，就是誠實的「誠」字，蔡松坡說道：「除僞之道衹有彼此誠實相待。」對人誠懇，說話實在，則天下無不可成的事。

㈣疑心：疑爲百惡之首，一個人有了疑心，就會疑懼恐怖，疑難畏縮，或疑忌妒嫉種種惡德惡念，都會一齊流露出來，破除疑心之法，衹有注重「信」，也就是實踐王陽明「致良知」的哲學，只要遇到懷疑的事，根究到底，是非分明，弄個水落石出，使再無可疑的餘地，因此這「致良知」的哲學，是我們革命成功的不二法門。

二、恪遵五守要求

總統曾經指出生活上及工作上革新的五項要求，這五項要求，正是昭示政府官員和全國國民改善不良習性的依據，習性改善了，社會風氣自然就會好起來。

㈠守時：任何工作的成果，都是時間和勞力的累積，大禹惜寸陰，陶侃惜分陰，完成他們的偉大功業，對國家對人類有不可磨滅的貢獻，他們之所以有此成就，理由很簡單就是守時，我們要重視時間，分秒不差，把以往什麼事情，早一點，遲一點，都無所謂的惡習改進過來。

㈡守分：守分就是個人盡到自己應盡的責任。公務員克盡職責，不怠忽職守，不踰越權責，教師憑良心教導學生，不誤人子弟，一般國民竭盡所能盡到對國家對社會應盡的義務，人人都能守分，則國家綱常建立，社會也就安定了。

㈢**守法**：管子七臣七主：「夫臣者，所以興功懼暴也，律者，所以守分止爭也；法律政令者，吏民規矩繩墨也」，由此可知法的重要和功用。人人能知法、明法，進而做到守法，在法律的範圍內活動，達到道不拾遺，門不閉戶，則社會安寧，國家也自然進步了。

㈣**守信**：「守信」是我們中國人固有的美德。孔子說：「人而無信不知其可也。」又說：「民無信不立」「敬事而信」。有子也說：「信近於義」。政府機關，推行法令，或為人民服務，要實踐諾言，取信於民，建立威信，人與人之間要互相講求信用，不虛偽，不欺詐，彼此以誠信相守，促進團結合作。

㈤**守密**：保守國家機密，防止敵人的間諜滲透，是國民應盡的責任，此時是戰時，此地是戰地，匪諜無孔不入，人人必須提高警覺，在言語上做到守口如瓶，在行動上防範敵人襲擊，以維護國家安全。

三、厲行「新」、「速」、「實」、「簡」

「新」、「速」、「實」、「簡」是　總統告全國國民改進生活習性的重要訓示，我們要趕上時代，促進社會進步，這四項要求是必須切實做到的。

㈠**新**：湯之盤銘曰：「苟日新，日日新，又日新。」時代是不斷進步的，保持現狀，就是落伍。故步自封，夜郎自大，是自毀自棄的作法，必導致國家於危己之境。不求新，則無法生存。今天所要求新，就是每一個人要有新的觀念，新的思想，新的精神，新的方法，進而產生新的行動，把舊的，落伍的，不合乎時代潮流的障礙一掃而空，使國家建設走上日新又新的里程。

㈡**速**：近半個世紀以來，科學飛躍進步，一切講速度，重時效。美國因加速科學發展，登月成功，已獲得太空競賽的優越地位，我國在科學研究上應急起直進，迎頭趕上，在工作時效上迅速改良，把以往「慢慢來」，「差不多」，「馬馬虎虎」，事事遲鈍，延宕的不良習性改進過來。

㈢**實**：實就是眞實，實在，一就一，二就二，對人不陽奉陰違，不欺上瞞下，對事不虛僞造假，不投機取巧，面對現實，實事求是，「一摑一掌血，一棒一條痕」，沒有半點虛浮不實的行爲。

㈣**簡**：一切求其簡單，免去俗務勞形，不矯揉造作，不繁文縟節，以少數的代價達到最高的效用，辦事手續儘量簡化，公務應酬儘量簡單，私人生活儘量節約，這樣可以把許多寶貴的時間，精力、金錢，用在有益的工作上去。

四、實踐生活規範

中華文化復興運動推行委員會，爲積極推行新生活運動，使國民生活在固有文化四維八德薰陶下，走向現代化與合理化的道路，曾訂定「國民生活須知」一種，並奉　總統核定於五十七年五月一日正式頒佈施行，其中有關禮節，食衣住行育樂等項均有扼要的規定，這是振作民族精神的唯一金丹，倘全國國民能遵照實施，則國家必能迅速強盛起來。

㈠**禮節**：禮節爲治事之本。我們中國是注重禮的國家，周公制禮樂，創立社會風範；孔子著述禮記，制定生活細節。國父所創民權初步，以禮爲中心， 總統倡導倫理道德，革新生活運動以復禮爲念。所以我們全國國民要愛護國家，尊敬長上，時時謙和禮讓，處處講求中節適度。以表現守規矩，懂禮貌的良好行爲。

㈡**食衣**：飲食、穿衣，是民生的首要。飲食祇求溫飽，不必作無謂的浪費，婚喪慶弔，各種宴會，也不必大肆鋪張。服裝以整潔樸素爲主，式樣不宜奇異，以保持我國淳厚質樸的風氣。

㈢**住行**：住處注重公共衛生，與鄰居相處和諧親睦，守望相助。乘車行路注意交通安全，遵守公共秩序，扶助老幼照顧婦孺，表現禮義之風。

㈣**育樂**：育就是養育、教育。注重家庭教育，以啓發兒童心智，矯正不良習慣，運用社會教育，改進孤立自私，偷惰怠忽的習性，提倡正當娛樂，以培養藝術興趣，推行國民運動，以調解身心健康，如此，國民生活自然幸福康樂。

伍、推行社會革新的途徑

要推行社會革新，必先要革新社會風氣，曾國藩說：「撓萬物者莫疾乎風。風俗之於人心，始乎微而終乎不可禦著也。」以上所述的革新要領，係針對目前的社會風氣而提出。要有非常的作爲，遠大的眼光，開闊的胸襟，堅定的決心，從個人做起，經常反省切實力行，從家庭做起，由家長做表率督率實行。從機關、學校、社團、軍隊、廠礦、公司、行號做起，由主官及負責人牽同一致推行。綜言之由個人到全體，由一點到全面，以社會的革新帶動全面的革新，從社會風氣的革新，完成社會建設的工作。

社會革新的積極措施，經緯多端，要收到眞正實效，當須依循下列途徑去做。

一、從教育上端正觀念

教育是一切工作的主要手段，現代一般人有一個錯誤的觀念，認爲食不闊綽，不夠排場，服飾不華麗，趕不上潮流，不上酒家就是頑固，不入舞廳便是落伍，由是奢侈淫靡之風日益囂熾。所以不論家庭學校，機關社團，都應注重品德教育，灌輸子弟、學生部屬的正確觀念，使其領悟節儉與奢侈的利弊。養成儉僕的美德。春秋魯大夫御孫說：「儉，德之共也；侈，惡之大也。」司馬光亦說：「儉則寡欲，君子寡欲，則不役於物，可以直道而行；小人寡欲，則能謹身節用，遠罪豐家。侈則多欲：君子多欲則貪慕富貴，枉道速禍；小人多欲則多求妄用，敗家變身；是以居官必賄，居鄉必盜。」從日常生活中觀察其行爲，糾正其錯誤，由教育宣導上陶冶其品德，端正其觀念。

二、從宣傳上擴大影響

政府推行社會革新的法令，利用報紙刊物，加強宣導。有關改善社會風氣的要求，透過廣播，電視，戲劇，電影等傳播工具予以勸導。凡對個人生活行爲善良風俗有特殊的優良表現者，利用各種宣傳方式擴大報導，以使其發生潛移默化之影響作用。

三、從領導上樹立楷模

曾國藩說：「風俗之厚薄實自乎？自乎一二人心之所向而已。……此一二人之心向義，則衆人與之赴義；此一二人之心自利，則衆人與之赴利。」此一二人即指單位的領導人，一個單位主管，在工作上必須表現積極認眞，在言行上必須表現循規蹈矩，在品德上必須表現廉潔高尙。做部屬的榜樣。以感化部屬，使整個風氣爲之革新。孔子說：「子帥以正，孰敢不正」就是這個道理。

四、從獎掖上激勵賢良

獎賞是鼓勵向善的最佳方法，孔子說過：「十室之邑，必有忠信。」善良的人，到處都有，祇待我們去發現與激勵，對於黽勉從公，力求上進的公務員，予以提升，或敘獎，對於樂善好施，捨己助人之人民予以表揚，使好人出頭，好事擴大，並期全國上下均能聞風景從，而建立優良的社會風氣。

五、從檢討上改進缺點

有檢討才有進步，要社會全面革新，必須面對現實，發現缺點，隨時改進，機關、學校、社會團體利用動員月會檢討生活上工作上，思想上，行爲上應行改進之處。一般人民利用村里民大會，提出有關風俗習性，及執行政令的情形予以檢討改進。務期達到反省惕勵，知過能改的效果。

六、從生活上嚴整風氣

今日國家正値非常時期，應該使用「治亂世，用重典」的辦法，整飭風紀，賞罰嚴明，凡係操守廉潔，工作勤奮者固應重賞，而貪贓枉法，爲非作歹者亦應重罰，法律之前，人人平等，對於知法犯法者，嚴刑峻法予以制裁，藉肅官箴而儆效尤，考核失責的主官，應視情節輕重受連帶處分，如此方可養成良好政風。

陸、結　論

總之，推行社會革新，改良社會風氣，是刻不容緩的事，因爲社會安定進步，始可使政治、經濟，教育國防各項建設如期完成。國父所創的三民主義，其理想在建設現代化的社會與國家。總統對社會建設亦至爲重視。曾屢次明確指示：「現代國家之建設，須以社會建設爲本，而社會建設又爲一切進步之基礎。」「建設國家必先建設社會。」「政治的基礎在社會，惟有社會進步，政治始得清明，社會建設獲致成就，始能促進政治建設之成功。」

唯三民主義眞正符合人類之理想，今後政治，經濟，文化工作，均應以建設我國社會爲目標。」並在去年元旦文告中指示法治，經濟，社會，教育文化各方面努力的方向，以求「建立一個現代的文明國家，一個現代的廉能法治，一個現代互助合群，愛國自愛的國民，一個現代明禮尙義，守法知恥的社會。」從以上的訓示中，使我們明瞭社會建設的重要性，這正是全國上下共同努力以赴的目標。要使社會進步，必須全面推行社會革新，把每一個人秉持良知、血性，痛下決心，把握革新社會風氣的要領，依循社會革新的途徑，力行實踐。在心理上做到以奮發代替消沈，以負責代替敷衍，以進取代替保守，以誠實代替虛僞，祛除「私、偏、欺、疑」的惡性，重振革命精神和情緒；在生活上滌除腐化、奢侈，淫靡，散漫，頹唐的污染，樹立以新生活爲中心的戰時生活規範；在工作上，力矯辦公不辦事的官僚習氣，講求科學辦事的方法，以開創中興復國的新氣象， 總統又訓示我們「從一念上用力，從基本上做起。」我們必須秉承 總統的指示，群策群力，早日獲取反攻戰爭的最後勝利，進而建設三民主義的新國家，實現 國父世界大同的理想。

（中國國民黨建黨七十五週年三民主義論文賽佳作獎）

建立「民主、繁榮、和諧」國家芻議

一、前 言

時代在變，潮流在變，各國政治制度及政行措施也隨著時代的變遷，不斷的求新求變。我們的國家在不斷的進步過程中，一方面在維護國家安全與社會安定，一方面要順應時代與環境的變遷，維護人民的權益，創造人民更安康的生活與更大的福祉。當前我們國家建設的總目標是加速實現三民主義；分開來說，就是要

——政治上，鞏固民主政治的憲政。

——經濟上，更求繁榮發展的成長。

——社會上，促進均富樂利的和諧。

二、現代化國家的表徵

一個現代化的國家，政府與人民無不同心一德，致力於國家建設，政府制訂政策與行政

措施，人民支持政府貫徹推行，二者相輔相成，以竟事功。以世界最進步的美國和日本爲例，可見一斑。美國是一個新興進取的國家，它建國僅有兩百多年的歷史，其國家建設進步之快速爲全球之冠，可稱人類歷史上的奇蹟。揆其原因，成功的因素很多，主要能採取多元化民族的措施，融化世界優秀民族於一爐，合力擔負國家建設工作，以達到其公民人人貢獻才智，作爲推進建國的原動力，此爲重要因素。另外就是其國民多能崇法守分，充分表現有禮貌、有秩序、有朝氣，呈現一片欣欣蓬勃的氣象，各爲自己的事業而努力。再如日本，自第二世界大戰被同盟國打敗以後，全國滿目瘡痍，國力凋蔽，市場蕭條，由於其政府與人民發揮同舟一命的精神，創新科技、發展工業、推展國家建設，不多時一躍而爲世界經濟大國，令人刮目相看，這兩個國家的成就，值得世人稱頌與效法，茲研析其具體表徵如下：

㈠**政治民主**——美國自從第二次世界大戰以後，成爲世界上最富強的國家，在國際政治上有決定性的作用，其民主政治制度也對世界各國發生了重大影響。民主政治一時成爲最令人擁護的政治制度。因爲美國的富強，於是美式的民主政治制度成爲世界民主國家的標竿。人們往往以美國的政治制度爲標準模式。美國政治制度的特點是崇尚自由，重視平等，講求法治，爲了保障人民的權益、和自由平等，政府制訂憲法及有關法律，對政府的功能與人民的權益，有明確的劃分。日本也是一個實行民主制度的國家，他的政府重要官員及國會議員均由選舉產生。在選舉過程中，大家守法重紀，沒有互相攻擊或打鬥情事發生，政府執法極嚴，可見日本也是講民主、重法治的國家。

㈡經濟繁榮——美國在經濟方面是採行自由經濟，即資本主義經濟政策，因受亞當斯密自由經濟的影響，限制政府對人民經濟活動的干涉，祇要人民有資本、有技術都可以自由競爭、發展經濟事業，不受政府過分的約束和限制，因此，它是世界上經濟最繁榮的國家。日本的經濟制度受到美國的影響，由於他政府所制訂的政策正確，加以國民的工作認眞，相互配合之下，其經濟發展的成就，幾可與美國媲美。

㈢社會和諧——一個國家沒有民主的政治制度，即沒有繁榮的經濟發展；更沒有和諧的社會可言，也不可能使國家富強進步。從近代史觀察，美日兩國之所以富強康樂，除了政治民主、經濟繁榮之外，最主要的是全國上下做到了個人利益與社會利益結合，政府力量與人民力量並舉之要求，令人敬佩之至。

三、建立民主、繁華、和諧國家之要道

語云：「國家之治亂，繫於社會之隆污；社會之隆污，繫於人心之振靡」。國父　孫中山先生在孫文學說中也說過，「吾心信其可行，雖移山塡海之難，終有成功之日。」這是千眞萬確的名言。建立一個民主、繁榮、和諧的國家，美、日兩國能，我們爲何不能？祇要我們有信心、有決心，有毅力、有勇氣，排除萬難，朝下列幾方面去努力，必定能夠成功。

㈠**全民建立共識**：中央政府自民國三十八年播遷來台以後，即勵精圖治，致力於復國建國工作。民國三十九年，開始實施縣（市）議員、縣（市）長及鄉、鎮（市）長民選；民國四十三年四月開始實施省議員民選；並於民國五十八年依照動員戡亂時期臨時條款之規定，辦理中央民意代表增補選。這一切作法都是在貫徹民主憲政，由於各種選舉的實施，發掘了省籍不少青年菁英，也培植了不少政治人才，政府經過五十多年來的努力，已邁向政治民主的康莊大道。惟自民國七十七年政府宣布解除戒嚴，及開放黨禁與報禁之後，有部分自命為民主人士，為了達到他個人的政治慾望，不惜犧牲國家利益，發動街頭運動和自力救濟，繼起效尤者接連不斷，似此現象如不有效遏止，將會阻礙我國經濟發展並影響社會安寧，使我國在國際形象上受到傷害。因此，全體國民應有共同認識，國家是我們大家的，國家利益高於個人利益，當個人應得利益不能獲得時，應該訴諸於理性，循正規途徑向有關單位申請補救。須知講民主要重法治。蔣故總統經國先生曾於民國六十四年十二月，在行政院院會中強調：「民主必以法治為基礎，自由更要以安全為前提。推行民主，必須強調法治，有法律才能有秩序，才能營文明的共同生活，若無視法律，不遵守法律，則將陷於不可想像的混亂，個人權益且將難保，那有民主福祉之可言！」所以「民主生活所需要的，既不是混亂的絕對的自由，也不是極權的強制秩序，乃是合理的自由與秩序」。由此可知民主與法治，猶如車之雙輪，缺一不可，國人對此應有深刻認識。

㈡全民建立共信： 信心是力量的根源，也是成功的保證。五十多年來，政府在行政措施上，事事為民衆利益著想，處處為增進國民福祉打算，不僅國民生活水準提高了，生活品質也改善了。根據行政院主計處國情統計報告：七十六年國民生產毛額達一五萬八，七八七元，折合美金四，九八九元，世界排名第三〇位，在亞洲鄰近國家地區中，僅次於日本、新加坡及香港，而高於韓國等其他國家。在文化水準方面，每四人中就有一個學生，每五人中就有一份報紙雜誌，從以上的統計數字中，可以瞭解，我們國民的生活水準已達到一個相當的標準。「人在福中要知福，不能因為個人的利益一時不能滿足，動輒請願、遊行，甚至表現脫序行為。諸如鐵路工人的集體休假、汽車客運的罷駛，農民因農產品滯銷而走上街頭，這些脫序違規行為，不僅阻礙了國家的進步，也損害了國民自身的利益，兩敗俱傷，何苦來哉？即或遭遇任何困難或問題，惟有彼此冷靜地共商良謀善策有效解決。

㈢全民建立共榮： 國家是整體的，個人是國家的構成份子，每一個成員都應該各安崗位、各守本分，竭盡所能，貢獻於社會，國家才能富強，個人不能置身於國家社會之外。近年來有少數人對政府任何措施總是為反對而反對，表現不合作的態度，豈不知國家與人民是生命共同體，每一個國民都要與國家建立共存共榮的觀念：有了富強的國家，才有個人的幸福可言，也才可以安度美滿的家庭生活。

四、結語

總之，國家的進步與繁榮，不是少數人所能爲力，要建立一個民主、繁榮、和諧的國家，必須全體國民群策群力，發揮群體力量，從個人做起，結合家庭、學校、社會、政府每一分子，共同爲國家建設而努力，大家拿出良心來想，拿出毅力來做，拿出勇氣來幹，手牽手，心連心，向前勇往邁進，國家建設的總目標，必能早日實現。

（國際光明社會促進會中華民國總會七十七年同創安寧秩序共享和諧社會徵文比賽佳作獎）

如何有效宣導使用統一發票

壹、前　言

國家的生存發展，社會的進步繁榮，財稅是主要的原動力，而財稅的本源，又必須靠每一個國民善盡職責，主動負起納稅的義務。我國憲法第十九條：「人民有依法律納稅之義務」，明白規定納稅是國民對國家應盡的義務之一。納稅的種類很多，諸如所得稅、營業稅、關稅、印花稅、遺產稅、土地稅、房屋稅……等等，國家的稅收能按計畫徵收，則財力充裕，行政效力自能充分發揮。

貳、國民對納稅功能應有的認識

前面講過納稅是國民應盡的義務，但有部分國民卻未能主動按時繳納，甚至還有逃漏情事，揆其原因，有的是缺乏守法守分的精神，有的不知道政府爲什麼要徵收國民的租稅？豈不知政府的主要財源靠稅收，一切施政靠充裕的財力來推展。所謂「取之於民，用之於民」。

政府現在土地把所徵收的租稅用之於民，因之，國民對租稅的功能應有正確的認識與瞭解，其用途分列說明如下：

一、軍公教機關員工，依其職務、等級，每月應得之待遇，均由政府徵收租稅所得項下支付。

二、國家購買國防武器、裝備、及發展國防科技之支出。

三、全國各級學校爲推展教育工作、添置設備及實施教學活動之經費。

四、社會福利工作之推展，如養老、育幼、殘障等之設施及貧病救濟等經費之支應。

五、公共設施之興建，如修築公路、鐵路、機場、水庫、發展捷運系統，及公共造產之所需。

六、其他有關政府機關行政所需事項，不勝列舉，在在均由政府財政收入支付。在做法上，則是由財政部門找錢，由會計部門管錢，由行政事務部門花錢，作合理的計畫分配，有效的管制運用。

參、當前統一發票使用情形的檢討

政府徵稅的方法很多，有所謂直接徵稅，間接徵稅，凡對人民以營利事業爲目的者，徵收營業稅，有的商人實情實報，有的則實情虛報，因是國家對租稅無法按計畫徵收，政府有鑑於此，特別設計在商品買賣時使用統一發票的作法，也就是在商人賣出貨品時，開發統一發票給予購買物品的人，證明買賣物品的品名、數量、單價、總價，使政府可以據此徵收營利事業所得稅，購物者如係公家機關亦可憑此簽報核銷，具有多方面的效用，每種作法，使政府可以增加財稅收入，使購物者又可以抽獎獲益，兩蒙其利，詎料良法美意，未能全為國民接受，每逢購物者向商人索取統一發票時，譬如說實價一八〇元的貨品，商人坦白的對購物者說明，如需開發票，賣價則為二〇〇，否則照實價付錢就可以，有的購物者，貪圖一時的近利，為節省二〇元之支出，再不堅持索取發票，商人因此也不必報稅。類此情形，國家稅收之損失，恐怕不在小數。現在市場上還有一種免稅商店，其買賣貨品可以免開發票，因此有的商店貨品買賣，當開發票，有的則否，作法不一，為免混淆社會人士認識不清，似應統一作法為宜，另外，為了有效使用統一發票，可以研究在銷售者向出品廠商購物時，由稅捐機關所派駐廠之稅務員監督開發，也就是在貨品出廠賣給銷售商時即時辦理抽稅。

肆、有效宣導使用統一發票的作法

政府訂定一項政策或推行一項措施，事前的觀念溝通和事情進行中的宣傳疏導，至為重要，不僅要使國民知道為何要做？更要使國民知道如何去做？我以統一發票來說，不但要使國民知道貨品交易時為什麼要使用統一發票！更要使商人主動開發統一發票是本身的責任，也讓購物者了解索取統一發票是自己的本份，要達到這個要求，個人認爲必須從下列幾方面去做：

一、從溝通國民思想觀念上著手：召集各商業團體代表及大型公司行號負責人定期舉行座談會，把政府的意圖告訴他們，聽取他們的意見，使他們知道，使用統一發票，在增進國家的稅收，國民納稅是愛國的具體表現，政府的財政充裕，國家自然富強，政府與人民取得共識以後，也自然風行草偃，可以達到預期的效果。

二、從宣導政策法令上奠基：宣傳是推展工作有效的途徑， 國父孫中山先生把國民革命、推翻滿清之成功因素，歸功於宣傳，所以他說：「革命之所以成功，宣傳工作居其九，其他的力量居其一。」現以縣市長及民意代表選舉爲例，參選者個人的學識才德固然很重要。而最後勝利者往往是宣傳策略上的成功。値此民主時代，如不能有效推銷自己，學識才能再好，最後也未必能順利當選，同樣的道理，要使國民普遍使用統一發票，必須採取下列途徑擴大宣傳方能奏效。

㈠透過電視、廣播、報紙等傳播媒體，對政府要求使用統一發票的目的和作用，撰寫專文向社會大衆作有系統的報導。

㈡聘請專家學者或稅務機關選派口齒清晰表達力很好的業務主管、職員，分區巡迴講演，同時放映法令及政策宣導的幻燈片，增進市民對租稅功能的認識。

㈢舉辦使用統一發票有獎測驗及猜謎活動，提高國民的關心和注意。

㈣定期舉行徵文及漫畫競賽，增進社會大衆對使用統一發票的共識。

三、從獎勵表揚上紮根：把現行統一發票每兩個月抽獎一次的作法改爲每月一次，按月輪流在行政區公開抽獎，事前登報紙讓市民知道，屆時可邀請名歌星表演助興，對於每月使用統一發票次數較多者（不限數額多寡，以張數爲準）超過一定的數目的商號和購物者，可利用此機會頒獎表揚。

伍、結　語

總之，納稅是國民應盡的義務，也是國民應享的榮譽，「復國建國，人人有責」，值此全民總動員的關鍵時刻，大家應該秉持自己的良心，發揮自己的本分，負起國民應盡的責任。

（台北市稅捐稽徵處七十九年擴大宣導統一發票徵文比賽社會組佳作獎）

如何發揮社區義勇巡守員的功能

一、前言

行政院於民國五十四年四月八日公布民生主義現階段社會政策後，各級政府即依據此政策致力促進經濟與社會之均衡發展，以建立安全制度，增進人民生活為目標，以採取社區發展方式，促進民生建設目的，二十多年來，城市與鄉村均已逐漸邁入安全康樂的佳境。最近台北縣市和市公所，為塑造安定有秩序的生活環境，已與警察分局協調配合在中和市二百四十七個管區，各遴選十名優秀社會人士，以社區義勇巡守員名義，由分局集中組訓，統一指揮，協助管區執行各項勤務，其經費由市公所編列預算支應，此項創舉，如能持之有恆，當可達到預期之理想目標。惟在作法上應作周詳安善之考慮。

二、如何使社區義勇巡守員成為社區民眾的模範

社區之成立具有五個要素，即居民、特定地區、居民對地區的從屬感，共同解決問題之

意向與能力、文化和社會制度的整合性。社區居民不可事事依賴政府，必須具有自動、自發、自強的精神，才能達到理想的社區，而理想社區的首要服務工作，在提供居民之安全感與穩定的生活，也就是建立一個安定而有秩序的生活環境。因此，社區居民應人人自動自發，主動參與社區巡守員，並且要做到下列幾點要求。

㈠**在言語上**——言而有信，語必中肯。不製造謠言，不搬弄是非。

㈡**在行動上**——奉公守法，循規蹈矩。不貪意外之財，不做非分之事。

㈢**在態度上**——待人和藹，謙和有禮。表現雍容的態度，建立良好的形象。

㈣**在工作上**——主動負責，勇於任事。分配擔任的工作，認眞執行，不敷衍推諉。

一個社區巡守員，如能做到以上幾點基本要求，必能做爲社區民衆的模範。

三、社區義勇巡守員的基本立場與任務

社區義勇巡守員的主要任務是維護社區秩序，保障社區安全，一經參與此項工作後，必須：

㈠**堅守立場**：不爲勢劫，不爲利誘，認眞執行任務，不介入地方派系糾紛，更不以個人情感用事。

㈡**把握原則**：台灣實施民主政治以來，各種選舉頻繁，社區巡守員應以超然的態度，把

握客觀公正的原則，不偏私、不舞弊，選賢與能，公平處事，切勿成爲候選人的樁腳或選舉工具。

四、建立社區義勇巡守員的制度、持之有恆推行

社區義勇巡守員，雖然採取自動自發方式主動參與，但仍須經過有條件的遴選，凡是品行優良、體格強健，無不良記錄者的居民，經過警察分局編組訓練後始可擔任，這是無給職的義務性工作，要使他樂意參加，勇於任事，且能持之有恆，必須從下列幾方面去做：

㈠從建立制度上著手：一件事的成功，並非一蹴而幾，必須有計畫、有步驟的實施，始克有成。因此，建立選、訓、用的一貫制度，實有必要。

㈡從編組訓練上奠基：一個社區巡守員主要的任務是什麼？要如何去做？市公所和警察局，事先需充分協調，確定工作重點和訓練項目，集中講解，使每一個巡守員充分了解，執行起來當可得心應手。

㈢從有效運用上推展：中和市全市二百四十七個管區，每一個管區有十位社區義勇巡守員，總共有二千四百人之多，人數可謂充足，如能充分運用，當可發揮最大功能。運用的方法，在合理劃分責任區域，避免有工作上的死角，形成三不管的漏洞。

㈣從獎勵考核上紮根：

社區義勇巡守員，雖然是自動自發的義務性工作，但是最起碼的獎賞補助是不可或缺的，主管單位對於他們的服勤狀況亦應有所考核了解。凡是每天按時出勤的社區巡守員，必須到管區派出所簽到簽退，並由管區配發誤餐費，對於全年從不缺勤而認眞執行勤務的社區巡守員，由市公所頒發獎金獎狀，並登報表揚，以資鼓勵。

總之，建立社區義勇巡守員，是一項良策善舉，必須市公所和警察分局密切協調配合，認眞推行；全體市民竭誠合作，熱烈支持，同心協力，拿出迫力來做，拿出決心來行，一定有豐碩的效果。

二、一般論說

闡揚「孟子性善」說

關於人性的善惡，我國的先聖先賢有兩大主張，孟子主性善，他認爲人的本性是善良的，因爲受環境的影響，而有不良行爲的表現，孟母三遷，其考慮在此。荀子主性惡，他認爲人的本性不是善良的，因爲接受教育的關係，而變化氣質了。關於荀子性惡的主張，已在前期介紹過了。現在僅將「孟子性善」說簡述於後：

孟子對性善的論證，點出人心之本然，以印證人性之善乃天生本具，人皆有的。

孟子說：人皆有「惻隱」、「羞惡」、「辭讓」、「是非」之心。（公孫丑上六章，告子上六章）又說：「人皆有不慮而知的良知，不學而能的良能。（盡心上十五章）又說：人有天爵、良貴。（告子上十六、十七章）惻隱等四端之心，「人皆有之」；良知「不慮而知」，良能「不學而能」；仁義忠信，樂養不倦的天爵，是天所與我的「自然之貴」；良貴又是人人有貴於己者」。凡此等等，都是人心的本然。當人「乍見孺子將入於井」，都會自然而然地即時生起要去救他的心。這就是「怵惕惻隱之心」。這是天理之自然，也是人心之本然；這是「眞心之流露，也是「本心」之呈現。無論智愚賢不肖，在這一點上都是絕對相同的。所以人人都可體認這點「人心之本然」乃是一個實有的善，是一個內在而普遍的善根。由此可見人性之善不是外鑠的，而是天生本具的。

孟子所謂「性善」，實際上是指「天之所與我者」的「心善」。「心」之所以爲善，是因爲心之官則「思」。思，是反省之意，是求諸內。仁義爲人所固有，一念反省自覺，使能當下呈現出來，所以「思則得之」。反之，人若不能反省而只隨著耳目之欲走，就會爲物所蔽。耳、目、聲、色，皆是一物，耳交於聲，目交於色，交相牽引，自然下墮而沉淪。如此，則仁義之基，遂隱泯而不彰顯，所以說不思則不得也。孟子在論及四端時，曾說「仁義禮智，非由外鑠我也，我固有之也，弗思耳矣」。在論及良貴時，亦說「人人有貴於己者，弗思耳」。可見孟子特別重視心之「思」，重視心之反省自覺。

「心善」是「天之所與我者」，天之所與自是吾人之性，所以心善即是性善。孟子說：「人皆有不忍人之心……。」不忍亦即不安，對於他人之受苦痛，受飢寒，受委屈，或者而臨生死危難，人皆有不忍不安之心。此不忍不安之心，實即仁心。「乍見孺子將入於井，皆有怵惕惻隱之心」。這「乍見」二字，乃表示此時之「心」，是在沒有受到生理欲望之裏脅而當體呈露的。怵惕惻隱之心，是不思不勉，隨感而應的，是本心的直接呈現，是眞心的直接流露。若是爲了「內交」「要譽」「惡其聲」等等，則是思慮之念已萌，而已付之於利害的考慮了。

孟子直就人皆有之的四端之心，以顯仁義禮智之性，乃是以心善指證性善。故孟子說「仁義禮智根於心」（盡心上二十四章）。又說「盡其心者，知其性也。」（盡心上第一章）經過孟子的點醒，使人人皆可在自己的心上認取善的根苗，而無須向外憑空懸疑。所以孟子所指點的心性，是內在的道德心，亦是內在的道德性。而道德的心性，乃是創造的心性。這道德心性之點醒與建立，對人生現實而言，是推進一步，因而樹立了理想性；對生理欲望而言，則是超越一步，因而保住了理想性。人格世界與人文世界的德性價值、文化價值（如眞如善如美）之創造，都是以理想性爲其動力，而道德的心性則是理想性的根源。所以韓愈說：孟子發明性善，其功不在禹下。

綜上以觀，孟子性善的學說，獨標勝義，發前哲所未發，惟其「求則得之，舍則失之」，故以「人盡其才」爲率性修道的重要工夫。就人生意義而言，則所以興起人生自慰情緒，鼓舞人生向上熱望，朝乾夕愓，勿違勿喪，充實光輝，盡其在我，使人生無一而非相與相厚之情，無往而非自適自得之境，修齊治平，其端在此。誠如程子說：「孟子有大功於世，以其道性善也」。

淺論「荀子性惡」說

「性惡說」是荀子思想的基調。他認爲性是天生的，情是性的本質，欲是應情而動的。也就是說：情是性之體，欲是性之用，視性、欲、情三者爲一體。茲就其性惡說之重要言論，提出來研究討論。

一、荀子所說性是什麼？

荀子在他的言論中給性下了定義。他說：

「凡性者，天之就也，不可學，不可事。……不可學不可事而在人者，謂之性。」（性惡篇）

在正名篇中又說：「生之所以然者謂之性。性之和所生，精令感應，不事而自然，謂之性」。（正名篇）性之定義如此。涵義甚明，無庸解釋。但荀子所指的性是什麼？

「今人之性，生而好利焉……——生而有疾惡焉……生而有耳目之欲，有好聲色焉」。（性惡篇）又說：

「今人之性，目可以見，耳可以聽，夫可以見之明不離目，可以聽之聰不離耳。目明而耳聰，不可學明矣」。（性惡篇）

依「好利」「疾惡」而言，荀子所說的性是人之私欲。依「目可以見，耳可以聽」言，荀子所說的性是人的生物本能。依「耳目之欲，有好聲色焉」，則係兼指人之私欲又生物本能二者。綜合言之，則荀子所說的性，是人之私欲及人之生物本能二者。前者所說性不可學不可事，即是剋就人之生物本能言，從「目明而耳聰，不可學明矣」（性惡篇）一語，可見其意，他所說「禮義化性」，則係指化人之私欲。

二、荀子評定善惡的標準

荀子從人之私欲及生物本能之言性。但荀子為什麼說性惡？依人之私欲言，「心好利」，「食欲有芻豢，衣欲有文繡，行欲有輿馬，又欲夫餘財蓄積之富也」，也不能說它是惡。但荀子說這些性是惡乃是有所據的，他有他評定善惡的標準，從下列言論中可知其梗概。他說：

「孟子曰：人之性善，曰：是不然。凡古之所謂善者，正理平治也。所謂惡者，偏險悖亂也，是善惡之分也已。今誠以人之性固正理平治邪？則有惡用聖王，惡用禮義矣哉？雖有聖王禮義，將曷加於正理平治也哉？」（性惡篇）

由此可見荀子據以評定善惡的標準是「正理平治」。合於正理平治的便是善，不合於正理平治的便是惡。正理平治是指國家而言。但是荀子所說的性又爲什麼不合於正理平治？他認爲在「勢不能容，物不能贍」的情形下，人們均爭而得之，則必奸詐百出，犯分亂理，國家便不正理平治。這便是順著人之私欲及生物本能的性發展的結果。順著發展結果是使國家正理平治，所以說這些性是惡的。

三、荀子認定性惡以後之對策

荀子由順性發展之結果可致國家不正理平治以定性惡。但是性是天生的，雖爲守門，欲不可去，聖人之所以同於衆而不異於衆者亦爲性。性既必有，國家又必須求其正理平治，故荀子對於性之對策爲：師法之化，禮義之導，法度之治也。所謂師法之化，係自經驗傳統言；禮義之導，自文化之理性言；法度之治，自現實政治之獎懲言。然而經驗傳統，只是順沿時間之累積與流傳，傳至荀子「當代」，則必爲「當代」文化面之廣被，所以經驗傳統與當代文化兩者之實質，應是相合的。亦即荀子所說的師法之化實質上應合於禮義之導，師之法亦即禮義也。由是可知荀子對性之對策是以禮義化之，禮義爲何能化性？荀子對此有兩點解說：第一、人之所以爲人者，以其有辨。第二、人生不能無群。禮義又從何而生？荀子認爲禮義爲聖人所生，他特名之爲聖人之僞。聖人因爲看到性可使國家不正理平治而生禮義。所以荀子說：

「古者聖王以人之性惡，以爲偏險而不正，悖亂而不治，是以爲之起禮義，制法度，以矯飾人之情性而正之，以擾化人之情性而導之也，始皆出於治合於道者也。」（性惡篇）

聖人因爲人之性惡而生禮義，但聖人如何生禮義？荀子說：「聖人積思慮，習僞故，以生禮義而制法度」。又說：「禮義者，聖人之所生也，人之所學而能所事而成者。……可學而能可事而成之之在人者謂之僞。（性惡篇）

生禮義是聖人之僞，遵之而行依之行是衆人之僞。聖人之僞是爲生民立命，衆人之僞則是順帝之則。有聖人之僞，有衆人之僞，然後性可以化，國家便可以正理平治。

四、結　語

「性惡篇」是荀子最有名的一篇，也是他的基本主張。荀子爲了要找出如何和平治理國家的有效策略，而說「天性是惡」，就好像會使人們感覺人的本質是惡。所以作惡是當然的，而使人有不可以非難，要讓作惡的人任意去做的樣子，而他也因爲唱通性惡說結果，使荀卿後來，在很長的期間遭受等於歧視的慘況。而唱通性善說的孟子，卻被歷代儒者所愛好。

簡述　國父的生平及民族思想的淵源

前言

國父孫中山先生，是舉世聞名的大政治家、大學問家、大思想家、大革命家，他犧牲個人的自由幸福，畢生盡瘁於革命事業，把中國四千多年來的專制政體，一舉而推翻了，創建一個三民主義民主共和的中華民國，不僅爲我們中國，開創了一個新紀元，而且爲全世界民主政治開拓了一條新的坦途，其對國家對世界人類的貢獻，實可以與日月爭光，其所創立的千秋不朽的事業，更可以與河山同在。茲就　國父的生平事蹟及其偉大思想中之民族思想產生的淵源，舉其梗概，略陳於後：

一、國父的生平與革命事業

國父生於民國紀元前四十六年（清同治五年，西曆一八六六年），十一月十二日，誕生於廣東香山（今中山）縣翠亨村，七歲入私塾上學，十三歲讀畢重要經書，於十二歲時始聞太平天國軼事，油然而生光復漢族之思想，並以洪秀全第二自命，二十歲就學香港皇仁書院，受基督教洗禮，娶盧夫人，是年中法戰爭爆發，始決志「傾覆清廷，創建民國」，自此以後，在廣州博濟醫院及香港西醫書院，竭力鼓吹革命。民國紀元前十八年，國父時年二十九歲，偕陸皓東至天津，上書李鴻章，陳救國大計，繼創立興中會於檀香山，是爲本黨建立的開始，先後經過五次改組，由興中會、同盟會、國民黨、中華革命黨，逐次遞嬗改組爲現在的中國國民黨，又自民國紀元前十七年九月，在廣州發動第一次起義開始，到民國紀元前一年十月十日武昌起義止，國父領導革命同志先後經過十次革命失敗，最後始獲得成功，其間飽經艱難困苦，當時環境之惡劣，遭遇之困厄，實非常人所能克服者，由此足證國父之偉大以及他不屈不撓之精神。民國創立後，由於袁世凱稱帝，張勳復辟，與軍閥割據之局，使國勢動盪，民不安寧，國父又苦心孤詣籌劃討袁，倡導護法，陳炯明叛變後督軍討伐。繼於民國十三年六月，創辦陸軍軍官學校，計劃培植革命幹部，建立革命武力，是年九月赴韶關督師北伐，旋任　蔣公中正爲軍事委員會委員長，是以培植革命事業之繼承人。民國十四年三月十二日上午九時三十分，天不假年，偉大的　國父——中華民國的一代完人，與世長辭，時年六十歲，臨終時尚以其數十年致力之國民革命，及所抱定之主義未能完全實現，深感遺憾，除囑望同志仍須努力奮鬥外，並反覆喊出「和平」、「奮鬥」、「救中國」數語，由是可知　國父革命之精神和他捨身爲國之德性的一斑矣。

二、國父民族思想的淵源

國父思想的淵源在他的自傳裏已說得很清楚，他說：「余之謀中國革命，其所持主義，有因襲吾國固有之思想，有規撫歐洲之學說事蹟者，有吾所獨見而創獲者」。他所說因襲中國固有思想，係繼承中國堯、舜、禹湯、文武、周公、孔子的道統思想，他所講的規撫歐洲之學說事蹟，係受美國一七七四年宣佈獨立，及一七八九年法國大革命之影響很大，故其學說是學貫中西，融匯中西文化之精華，另外加上他自己獨見創造的眞理，如知難行易學說，五權憲法等，故甚完善無遺。至於 國父民族思想的淵源，一爲先民所遺留者，發揮而光大之，且改良其缺點，對於滿洲，不以復仇爲事，對於世界各民族，務保持我民族之獨立地位，發揚我固有之文化，且吸收世界之文化而光大之，以期與各民族並驅於世界。一爲受歐美民族獨立運動之影響，諸如希利尼離土耳其而獨立，意大利排奧地利以統一，均係民族主義的作用，又如美利堅民族，融合歐洲各種族而鎔冶爲一爐，自解放黑奴之後，吸收數百萬非洲之黑種而同化之，成爲世界上最進步、最偉大、最富強之民族，亦係民族主義發揚光大之功，我們中國爲世界最古、最大、最富同化力之民族， 國父認爲如加以世界之新主義，而爲積極之行動，以發揚光大中華民族，不久必能駕美超歐，而爲世界之冠，可見 國父思想之精深而淵博也。

三、我們對 國父思想之體認與實踐

從前項說明，吾人深切體認 國父思想確係高超精湛，觀人之所未觀，行人之所未行，其所持之主張，不僅順乎天理，應乎人情，通乎世界之潮流，而且合乎人群之需要，凡中外古今思想之精華無所不包，吾人爲 國父的革命忠實信徒，對於他的偉大思想和遠大主張，亟應切實踐履，身體力行，務使我中華民國躋於世界強國之林。

結 語

國父誕生於民族意識強烈的廣東，而又處在國勢衰弱民生凋蔽的亂時，由於他的眞知灼見以及奮鬥不懈的精神，創建了自由平等博愛的中華民國，更創立了救世救國救民的三民主義，其學問之淵博，思想之遠大，見解之高超，蓋世無與倫比，吾人除應效法他爲學、治事、革命之精神外，對其民族、民權、民生的三民主義思想，與乎知難行易的學說，應徹底研究，深切領悟，務期以理論化爲行動，將思想變爲力量，團結一致，光復錦繡河山，重建民有、民治、民享的新中國，庶不愧爲國父的革命信徒，並告慰 國父於九泉之靈。

我最難忘的老師

一個好老師，必須具有高尙的品德，豐富的學識，和學不厭教不倦的精神。在教誨我的老師當中，尹拔奇先生給我的印象最深刻，使我受益最大，也是我終生難忘的一位良師。尹老師是前清秀才，沒有進過新學堂的大門，他所學的雖然是中國古文學，但是對新文學也很有研究。我在家鄉——江西泰和中學念書的時候，從高中二年級開始，他就擔任我們的國文課，並且兼任我們的級任老師，直到我們高中畢業。他最使我難忘懷的有下面幾點。

一、和藹的態度

尹老師治學很嚴，教學非常認眞，但是對學生犯了錯誤，卻很和藹地勸導糾正。一般來說，老師對於學生犯了過失總是毫不留情地厲言斥責，但是他決不是這樣。他常把孔子所說的幾句話：『人非聖賢，孰能無過；過而能改，善莫大焉。』作爲管教學生的信條，他認爲一個人不怕犯過錯，只要犯了過錯以後，自己知道改過就行了，不必用嚴厲的體罰，或者以嘮叨不絕的方式責備。這樣，會使學生失去自尊心，無法達到教育的效果，更使師生之間的感情慢慢地疏遠起來。因此，他深刻了解學生的心理，把學生看做自己的子弟。

二、豐富的學識

他是秀才出身對於古文學如經、史、子、集各類書籍造詣很深不在話下，而且對於新文學也有深刻的研究，所以他不但重視古文，而且對新文學也極力贊成提倡。學生寫作無論詩、詞、賦、散文、小說……文言的或語體的都一律歡迎。你寫甚麼，他都能詳細地批改，絕不同一般老先生那樣偏見，只注重文言文，而反對語體文。在講課的時候，如果牽涉到跟幾何三角有關的問題，他就把「勾股弦」拿來作引證。如果講到跟物體運動有關的問題，他也就立刻把牛頓三定律搬出來證明，講得頭頭是道。因此，他的學術思想是進步的，不是停滯在落伍或陳舊的領域裏，能隨著時代進展。

三、高尚的品德

一個老師主要是擔負傳道，授業，解惑的任務，學問固然重要，但是更重要的，更具有高尚的品德。不僅在學術上要能爲人師表，在品德行爲上更要做學生的模範，事事以身作則，才能感化他們向善。尹老師平日不苟言笑，一舉一動，一言一行都是合乎道理的。凡是要求學生做的事情，他自己率先親自去行。做不到的不說，說出來的一定要做到。衣、食、住、行都很有節度，生活起居，也非常有規律。雖然將達七十高齡的年紀，晨間運動，從不間斷，所以他的精神好，體力壯，走起路來，健步如飛，看起來只有五十多歲的光景。

四、誨人不倦的精神

老師的責任是重大的，當一個老師要把各種類型不同的學生，引導他們朝著一個方向走，甚至於要變化學生的氣質，就必須有耐心和毅力，循循善誘。尹老師就有這種德性和修養，每逢同學們對課程內容發生疑問的時候，他能不厭其煩地引經據典，舉出很多例證來，用觸類旁通的方法使得他豁然貫通。他發現同學犯了過失，或作業上有了錯誤的時候，必定很坦白地點出來，使他徹底領悟。他就是這樣慈祥地愛護學生，怎不令人敬仰呢？

此外，尹老師還有不爭名不居功的美德，地方士紳多次敦促他出來競選民意代表，他總是抱著「做事不做官」的觀念，婉言謝絕地方父老一片好意。他更是一個樂善好施的人，地方上無論婚喪喜慶，都離不了他。有甚麼糾紛，一定請他出來排解，才能平息。我接受他的教誨，只有兩年的時光。時間雖然很短，但是給予我以後踏足社會上做人做事的幫助，實在是無法數算的。

經師與人師

後漢紀：「經師易遇，人師難遭。」所謂經師，從狹義方面說，就是通曉經義的人，從廣義方面來說，則是對中國的古籍如經、史、子、集等類的義理詞章，都有深刻研究，而且教授得法的老師。什麼叫做人師呢？就是不僅在學術方面可以爲人師，而且在道德修養上，也夠資格當人家的老師。自古以來，要請一個有學問的老師較易，如果要找一個品格高尚，足以爲人師表的老師實難，在世風日下之天今，更是困難了。

國家設立學校教育學生的目的，在充實知識，陶冶品格，鍛練身體，同時養成過群體生活的習慣，以備將來成爲一個良好的國民，爲國家盡一份應盡的責任，造福社會人群。在這樣遠大目標之下，必須有循循善誘的老師，教導學生做人治事的方法，指點學生應走的道路與方向。因此，學校的任務重大，教師的責任更是不可忽視，一個好的學校，能夠教導出好的學生，這是千眞萬確的眞理。當一個老師，學問固然重要，而品德是否高尙，言行是否一致，生活是否嚴謹，在在都對學生的影響太大了。自己如果是一個很健全的老師，無形中就能達到以身教代言教的目的，更能發生潛移默化的功效，孔子曾經說過：「子率以正，孰敢不正。」俗語也有說：「嚴師出高徒」，這些都是在說明當老師的，要能爲人師表的道理。以今天的狀況來說，辦學校把學校當做學店，以賺錢爲目的，未能注意到教學方法的改進，教育設備的充實，爲了現實生活問題的解決，整日沉溺在待遇中打算，怎樣替學生補習，增加點額外收入，最多也衹做到傳授知識的功夫，而疏忽了學生的品德教育，因此，問題學生不斷的產生，眞是誤人子弟，罪不可逭。更可恥的，有些老師品格掃地，做出種種卑鄙的勾當，例如與學生通姦，刺殺校長，毆打同事，甚至於如台中掛圖案，勾結商人集體貪污，這些人眞是教育界的敗類，像這樣的舉動，如何配得上做人家的老師呢？

老師的責任是重大的，老師的任務是神聖的，在這國家多難，世風日下之今日，需要眞能爲人師表的良師，負起挽回民族衰頹的使命，爲國家前途著想，爲中華兒女著想，好好的教導下一代。

良師興國

人類之所以進化，就是不斷的接受教育的關係，擔負教育工作的推行者，除了各級教育行政機關以外，就是各級學校的老師了。教育政策的訂定固屬重要，而教師是負直接施教的任務，所以，師資的好壞，以及教師對本身工作的負責與否，影響教育的執行更大。

「教育」兩個字的意義，在說文中解釋：「教者，上所施、下所效也。育者，養子使其作善也」。西哲古德說：「教育是一種社會歷程，在其中人們因受選擇過的環境的影響，可以獲得良好的社會適應能力，和最佳的個人發展」。領袖也曾經說過：「教育的目的在創造人們綿延的生命」。由於以上的解說，我們知道教育是一種持續不斷的工作，目的在誘導人們獲得一種適合於社會的生長，也就是使自然人成爲社會生活中理想的人的一種過程，簡單的說，教育的目的，就是在使受教者，具有正當的思想，豐富的感情，高尙的品格和適應社會需要的能力，要達成以上的教育使命，責任就在各級學校的老師身上了。

一個優良的老師，並不是祇管在講堂裡能說一篇冠冕堂皇的大道理，或者傳授一切知識就行了，更重要的，要具有高尙的品德，不僅在學術上要爲人師表，在品德行爲上更要爲學生的模範，事事以身作則，才能感化學生，使他們向善，也才能使學生心悅誠服的接受教育。孔子說：「子率以正，孰敢不正，」就是這個道理。另外當老師的，在精神修養上，應有兼善天下，己立立人，己達達人的抱負，有完成偉大教育任務的決心。因之，決不是授完課，看完作業，就心安理得別無所求了。教育是延續文化，維繫國脈的主要工具，或成或敗，均將影響國家的前途和人類的幸福，值此世風日下，紅禍蔓延的時候，就全靠優秀的教師們，發揮授業的精神，抱定堅定而忍耐的恒心，培養愛國愛民族的公民，反共抗俄的鬥士，才能達成反攻復國的目的，完成劃時代的使命。

國中教師應有的認識與準備

韶光易逝，四年的國文系教育就此結束了。不久我們就要分發國民中學擔負起教育下一代的神聖使命。在此驪歌高唱，行將離校受命的前夕，對於政府當前推行國民教育的政策，以及如何去執行數師的任務，實應作徹底的了解，和充分準備，以便使工作的推展能夠得心應手。

一、國民教育的目標與使命

自從五十七年六月二十七日 總統在 國父紀念月會中，指示政府首長要加速推行九年國民義務教育之後，政府當局和全國上下都以無比的熱沈，勇氣和信心研究討論和策劃此一劃時代的鉅舉。行政院亦於去年八月二十六日將延長國民義務教育爲九年的命令——「九年國民教育實施綱要一八條，頒達省市政府。於是實施九年國民教育的政策，正式確定。從這項文件中我們深切了解國民教育的目標，在提高國民智能，充實戡亂建國之力量。具體一點說，國民教育之實施，在於傳遞民族文化，陶冶國民道德，鍛鍊國民體格，充實生活知能，提高國民的愛國精神和民族意識，以培養有守有爲的健全國民，建設現代化的國家。教育部閣部長及教育廳潘廳長，曾先後在海外文教會議上，和臺灣地區私立中學第三十次校長會議中，指出延長九年國民教育的重要意義，綜合起來，約有下列幾點：

㈠**在教育上**，徹底消除國校惡補，解除因惡補所加諸我民族幼苗精神上，體能發展上的枷鎖，使國校教學正常化：使我們的兒童，獲得最好的，合理的培育。

㈡**在經濟上**：提高人力素質，爲國家培養經濟建設所需的人力，促進經濟發展。

㈢**在政治上**：使人人都能受良好教育，不僅對自由地區是文化復興的具體表現，對大陸同胞，更具政治號召作用。

㈣**在國防上**：軍事的進步，日新月異，兵器使用，須有相當知識、機智和技巧，方能運用自如，發揮制勝效果。

㈤**在社會上**：國民知識水準普遍提高以後，可以產生兩個好的影響：*1.*對國民道德的加強，公共秩序的維護，生活習慣的改良均有裨益。*2.*提高就業率，減少因失學、失業所造成的社會問題。

根據以上的說明，我們很了解的看出國民教育的目標是非常遠大，而今後教育任務也非常艱鉅。

二、擔任國中教師應有的認識與準備

教育是國家的百年大計，或成或敗，最高教育行政機關對政策製訂的正確與否固屬重要，而教師是直接擔負施教的任務，他對本身工作的負責與否影響教育執行的成效更大。因此，我們即將分發各縣市擔任國民中學教師，執行施教的任務，每一個人應深切體認本身職責的重大，在觀念上應有正確的認識，在任務執行上應有充分的準備。茲就擔任國中教師應有的基本認識與工作準備方面，就個人見解所及抒陳於後，藉收拋磚引玉之效。

(一)認識方面：

1. **把教育當事業**：教育並不是職業，而是一種聖賢事業，擔任學校教師，更是一項清高至上的工作，我們從事學校教育，就應該把全副精神貫注在教學上，以個人的所知，全部傳授給學生，革除以往學校當做學店，爲混生活而當老師的錯誤觀念，和兼課兼差整日沉溺在待遇中打算的陋習。

2. **視學生為子弟**：教師的責任不僅是傳道、授業，解惑，做到「作之師」就行了，而且要做到「作之親」。換句話說，就是要以「愛的教育」去教導學生，多鼓勵少責難，經常與學生打成一片，了解每一個人的個性與志趣。發現學生心理上有什麼痛苦，或在生活上遭遇了困難的時候，我們當老師的，應該儘量設法協助他解決，使他安心向學。如遇學生犯了過失，應耐心地勸導他知過能改，不必動輒嚴厲斥責，甚至於記過開除，輕易斷送一個青年的前途。要使他們能夠領略到「學校就是家庭，老師猶如父母」般的溫暖。

3.「德」「智」「體」「群」並重：國家設立學校，教育學生的目的，在充實知識，陶冶品格，鍛鍊身體，同時養成過群體生活的習慣。使學生具有正確的思想，豐富的感情，高尚的品德，和適應社會需要的能力。因此，我們應該有一個共同認識是，今後的學校教育，應該注重「德」、「智」、「體」、「群」四育的均衡發展，實施正常化的教育。以往由於升學競爭觀念普遍作祟，因而導致教學上發生偏差，學校惟恐學生畢業後不能考入高一級的學校，學生家長又恐怕自己的子弟不能達到升學的目的，有的學校利用課餘加強補習，甚至還有犧牲正課時間而從事補習的，一時惡性補習之風，大有燎原之勢。如此「塡鴨子」式祇著重知識的灌輸，不注意學生的身心健康，使可塑性極強的學童及在學青年的身體與心理，受到嚴重的損害，這種不合理，不進步的教育方式，實應徹底改進。

4.身教言教合一：一個夠標準的老師，並不是祇管在講堂裏能說一篇冠冕堂皇的大道理，或者傳授一切知識就行了，更重要的是要具有豐富的學識，高尚的品德。簡單來說，不但要爲經師而且要爲人師，因爲在學術上能爲人師表，在品德行爲上又能做學生的模範，事事以身作則，言行一致，才能感化學生使他們向善，也才能使學生心悅誠服的接受教育，孔子說：

「子帥以正，孰敢不正」。就是這個道理，也惟有如此，才能收到教育的眞正功效。

(二)準備方面：

「凡事豫則立，不豫則廢」。大凡做任何一件事情，事前必須有充分的準備，然後才能得到圓滿的成功。我們中途轉業執教，擔負起國民教育的重任，無論在心理上、精神上、工作上、生活上都應該有所準備，以免臨陣磨鎗，莫知所措。現以個人管見，對國中教師應行準備事項略敘於下：

*1.*在心理上：國民教育改制伊始，一般人可能正在擔心，由於初中入學考試的廢除，國校畢業學生直升國中，學生的程度一定良莠不齊，在教學上可能會遭遇到很多的困難，其實，這是「杞人憂天」，多餘的顧慮。我們可以預料到，將來由於國民中學分發入學，及課程、教材、教法的改變，在施教過程中，難免碰到一些意料不到的問題，但祇要我們有耐心去克服，我相信一切問題都能迎刃而解。即或學生的程度有好壞懸殊的現象，亦可以斟酌情形，按學力編組施教。必要時運用「小先生制」實施個別輔導，這樣的做法，仍能收到預期的效果。

*2.*在精神上：教育是一項艱鉅的工作，就以字的含義來說，也可以知道教育並非一般尋常的事情。說文解釋：「教者，上所施，下所效也。育者，養子使其作善也。」教育是一種持續不斷的工作，必須有恒心有勇氣，因此當老師的，在精神修養上，必須有兼善天下，己

立立人，己達達人的抱負，絕不是授完課，看完作業，就心安理得別無所求了，還要有自我犧牲的精神，隨時與學生生活在一起，考查他們的品德行爲，輔導他們參加正當活動，使其成爲堂堂正正的中國人。

中學國文教學之我見

依照我國現行學制，學校教育分為國民學校、中等學校、大專學校等三個階段。在中等教育中，又分為國中及高中，這些學校以及這幾個階段的教育，各有它特殊的職能，各有它特殊的教育目標。不論它的特性怎樣，它的課程重點如何，國文一科都列為主要的課目。中等學校對國文更應重視。國中階段學生授國文課，是研究中國國學的開端，也可說是國學的入門。在這個階段中的國文根基沒有打好，對以後立身處世的影響太大了。茲就中學國文教學問題，以個人的管見抒陳於後，藉收拋磚引玉之效。

一、教材方面

目前中等學校國文課本，統由教育廳核定統一印製，由各學校代購轉發各學生使用，在內容方面，固然經過教育主管機關的審愼核定，以國中一二年級的課本來說，內容似乎太深奧了一點。以我個人的看法，國中國文應著重立身處世應用文方面的了解和領悟。文言文佔三分之二，語體文佔三分之一較為適當。高中國文應著重對先聖先賢之嘉言懿行，與文學論著等的研究與探討，簡單的說，中學生讀國文，一方面要使他了解前人爲學治事的方法，接受前人的寶貴經驗，另外一方面要和現實的社會環境相結合，使他心領神會，能收到實際的效用。

二、教學設備

一般人認爲擔任國文教師，祇靠一本教科書和一張嘴就行了，其實並不這麼簡單，如果要加深學生學習影響，提高教學效果，不妨斟酌課程的內容，準備一些附屬教材，例如講有關戰史一類的文章，準備一幅雙方作戰形勢圖，標明雙方兵力部署，戰鬥態勢，經過路線等，倘若講科學智識方面的文章，不妨畫一幅簡明圖，諸凡科學儀器的構造，科學的發展，和它的功用等簡略的寫出來，使學生能很快的領悟其中的道理，達到啓發性的作用。

三、教學準備

俗云：「凡事豫則立，不豫則廢。」做任何一件事情，事前必須有充份的準備，然後才能得到圓滿的成功。關於國文的教學，事前準備更是重要。有關每一個字的意義，每一個詞的結構，每一個典故的由來，都必須在課前研究得很透徹，然後去教學生，才不致臨場顯醜，否則，照本念經，老師在臺上教之諄諄，學生聽之藐藐，如是誤人子弟，難逃天誅地滅之禍了。

四、教學方法

不論那一個學校，那一個班級，學生的程度一定是參差不齊的，先從所教班級學生的作文中，調查了解學生的國文程度，課前指定學生閱讀，使他們對課程內容有一個概括的了解，上課時再加以一字一句的講述分析，不但對課程內容要反覆的詳細講解，而且對於每一個字的發音力求正確，對於程度太差的學生，指定程度較好的學生從旁加以輔導，在可能範圍之內，施以特別教育。

此外對於學生作文的批改也是很重要的，除了應該按時評閱以外，對於學生作文內所寫的錯字別字，以及作文的文法，句子的構造等，都須審愼而認眞的批改。總之，教育是一項艱鉅的工作，擔任中學國文教師的任務，更是艱鉅極了，任重道遠，今後如何提高中學生的國文程度，以及如何復興中華民族的優良文化，使之發揚光大，責任就在擔任國文教學的老師身上。

擔任政治教官應有的認識

一、前　言

政治教育的目的，爲領導官兵思想，武裝官兵精神，砥礪官兵情操，使其成爲奉行三民主義，效忠　領袖的革命鬥士，達成復國建國的神聖使命。前任總政治作戰部主任蔣經國先生說：「政治教育綱領，如果是一篇官樣文章，那將是沒有生命的東西，政治教育不是一個課本，也不是一個講堂，而是要在一個人的身上創造一種生命。」由此可知政治教育在軍中實施的重要性及其需要了。但是要達到上項目的與要求便需要健全的教官去做誘導的工作，所以教官的人選是極其重要的。

二、教官的條件

凡是一個被選爲政治教官的同志，他必須具有能說、能講、能寫、能作的基本條件，而且必須有充分的準備，按照一定程序施教，才能吸引官兵聽講，尤以其本身的品德操守更能成爲官兵學習的榜樣，方能如傳教士的精神達到教育的成效。

三、教官的責任

凡是擔任政治課程教授的人，無論他現任職務是什麼，只要擔當教授課程的任務以後，就應當負起教導群倫的責任。一個成功的教官，決不是祇管在講堂裡講授，而不負責講堂以外的責任，譬如說這一課的課程講授內容是在闡述軍紀的要義與功效，講授這一課的主要意義和目的，當然在於使受教者知道軍紀的重要和如何恪守軍紀，以及違犯軍紀以後，對團體對個人的影響如何？但如果有人在下課以後，便做出違法犯紀的事情，甚至破壞部隊的榮譽，削弱部隊的戰力，那教授者必須善盡勸導糾正的責任，並隨時把握軍中現實資料以做到人人是教育對象，事事是教育資料，時時是教育時機，處處是教育場所，以擴大教育效果，這才無愧於本身的職責。

四、教官的修養

教官的責任不但是傳授一切知識，更重要的是教官的一切作爲，對受教者有著極大的影響，政治教育是一種統一思想，團結精神，提高士氣的教育，擔任政治教官的人必須具有哲學的品德修養，科學的豐富知識，兵學的戰鬥技能，並以自己的所學所能，應用到傳道、授業、解惑的工作上，因此作教官的必須事事以身作則，然後誠如孔子所說：「子率以正，孰敢不正」，就是這個道理。另外當教官的在精神修養上，應有兼善天下，己立立人，己達達人的抱負，有完成偉大神聖教育任務的決心，因之決不是授完課，看完作業，就心安理得別無所求了。

官兵政治教育是培養士氣的重要手段，士氣的高低又決定戰爭的勝負；決定國家的命運。而政治教育的成敗，又取決於政治教官的負責與否。因此，不論官兵凡是擔任了政治教官的職務，就應當視同分內的事情，竭盡一己之力，爲官兵講授施教，更應發揮傳道授業的精神，抱定堅毅而忍耐的恒心，達成政治教育的目的，完成劃時代的使命。

高級工業職業學校學生輔導工作之研究

壹、前言

學校輔導工作，我國雖然實施已久，但輔導一詞的提出，還是最近數年來的事情。總統在民國五十七年二月十日「革新教育注意事項」的手令中說：「在學校方面，應加強訓導（導師）責任制度，並可責成教師，輪流值勤，協助導師，盡其管理與輔導之責，並應與軍訓人員（初中之童軍人員），密切聯繫，對學生之品德、生活，加強輔導，必要時，並得進行家庭聯繫與合作。」從這一段訓詞中，我們深切體認 總統重視學校輔導工作。全省及台北市的國民中學，於民國五十七年延長九年國民教育的開始，「指導活動」一科排列正課實施，數年來已獲得了預期的效果。教育廳為擴大此項工作之績效，特於民國六十一年十一月間，訂頒「高級中等學校指導工作要點」及活動綱要各一種，通令全省各高級中等學校切實推行。

貳、工業職業學校的特性

上項工作要點及工作活動綱要，乃原則性的規定。高級中等學校的類型，包括普通中學和高工、高農、高商、高護、高職……等校。各類型學校的組織型態及教育目標不同，故在輔導工作作法上，應適合環境並斟酌各學校的實際狀況，釐訂計劃實施。茲就工業職業學校的特性，分下列幾方面來說明。

一、**就教育目標說**：

工業職業學校的教育，是以就業爲主，升學爲輔，按照個人的志趣，分科施教。故教育目標，偏重技能的訓練和科學知識的傳授，養成學生在各本行業範圍中，發展其所需之基本手工及機器操作之技能。使其直接獲取與各本行業有關之重要知識，促進其良好之判斷力，以助長其個人技能之進展。

二、**就組織型態說**：

工業職業學校，除了校本部有教務、訓導、事務各處，及主計，人事……行政部門外，另外還有實習室和各科的設置。例如機工、電工、板工、金工、機械製圖，建築製圖、建築工，汽車修護，儀錶修護、電銲、電器修護、印刷、化工……等科。各學校不盡相同，有的僅有五六個科，有的多達十個以上。學生考試入學，係按其個人志願及各科取錄標準而錄取的。大致上說，工職的學生，多能依照個人的智慧能力、性向、興趣、志願等編入自己所希望讀的科級，故學習情緒很高。

三、就課程內容說：

工業職業學校的教育，注重職業的陶冶，教育內容特別著重行業技能訓練，在每週教學科目中，工場實習佔十五小時，普通科目（國文、英文、數學、公民或三民主義）每週十二小時；相關科目每週九小時，此外尚有體育軍訓等課程。從課程配當的時數可以知道，工職的學生，每週有兩天（每天授課時間以七小時計）以上的時間在工廠中度過。

四、就教育任務說：

工職的教育任務繁重。雖然是以就業為主，替國家培植科學技術人員。但有部份學生畢業後仍然希望升學，以獲得較高的科技知識，每年參加師大工教系及科技大學招生考試的大有人在。因此工職的教育，除注意學生的職業陶冶以外，還須兼顧升學輔導。

參、學校為何需要實施輔導工作

輔導始於人類的需要。人們在日常生活中，難免遇到問題；有了問題，就需要解決。學生到學校來求學，可能遭遇到學習上、情緒上、生活上……的種種困擾。這些問題和困擾，學校自然有責任替他設法解決。輔導工作的重要任務，是在「協助」學生解決或決定其求學或就業有關之各項人生問題，簡言之，就是協助個人得到自我瞭解，自我決定，以調適學校、家庭、和社會生活的一個歷程。學校究竟爲何對學生需要實施輔導工作，從下列幾點可以得到正確的認識：

一、時代的趨勢：

我國素稱爲禮義之邦，兒童自幼就接受父母灑掃應對的禮節教育，養成循規蹈矩的良好習慣，相傳數千年，蔚成風氣，國人亦常引以爲榮。惟從近世以來，科技文明進步迅速，交通發達，時空距離縮短，加以工業化社會的影響，家庭制度漸漸失卻了原有的功能。父母忙於工作，對子女疏於管教，以致產生太保太妹式的問題青少年；在學的學生，亦常有偷竊、打架、逃學、賭博、反抗、違犯校規、不合群，進入不正當的娛樂場所，參加幫派或集體行兇鬥毆等情事不斷發生，影響教育風氣甚大。教育部，台灣省政府教育廳，及中國輔導學會，有鑒於此，乃聘請專家學者研究，於五十一年七月，指定台北市立大同中學、省立桃園中學、新竹縣立一女中、台中市立三中、嘉義縣立東石中學、省立高雄中學、省立高雄工職等校，辦理學生輔導（Guidance）實驗工作，期能培養學生榮譽觀念，發揮自動自治之精神，養成良好之生活習慣，藉以提高學習風氣，實驗結果，成效顯著，深得各界的重視，此後就逐漸推行。（註一）

二、理論的根據：

教育與輔導在職能和名詞上並非一件事情，但在實施的目的上說，則是一致的。個人是教育的中心，學校的教育中心乃在學生，這是輔導工作的基本論據。輔導是一個繼續不斷的教育歷程，必須配合個人的生長發展，予以適當的協助，使其行爲步入正軌，發展個人蘊藏的能力，以適應當前社會的要求。

三、個別的差異：

人與人天生就有個別差異，輔導的概念就建立在個別差異的原則上，個人彼此間的差別很大，不僅能力、性向、和興趣彼此不同，就是態度、需要、經驗和生長的型態，以及對人生的看法也不相同。我們對學生的個別差異至少有下列幾項是做輔導老師和輔導工作者應該明瞭的。這些差異的項目是：①智力②興趣與性向，③自我概念，④態度，⑤需要，⑥能量層次（Energy level），⑦生長和發展的速率與類型，⑧情緒的成熟，⑨學業成績，⑩經驗和背景。學校輔導工作就是對於智力較低，自我觀念尚未建立、情緒不穩定、學業成績較差……等的學生，加以正確的輔導，協助他得到正常的適切的成長與發展。（註二）

四、學生畢業後的出路：

高工的教育目標，雖以就業爲主，但至少一半以上的學生，畢業後要參加升學考試，因此，職業輔導固屬重要，而升學輔導，亦不可忽視。如果就業未找到合乎志趣與專長的工作，升學又未能考取理想的學校，其內心的痛苦是可想而知的，所以，如何協助志願就業的學生，解決工作問題，和因參加升學考試而落榜的學生獲得工作，或安定其情緒，準備下次再參加考試，這是高工輔導工作的主要課題。

肆、高工輔導工作的作法

高級工業職業學校，不僅在教育目標上與普通中學不同，在行政組織上亦有異，故輔導工作之實施，必須切合學校實際狀況和學校行政相配合，始能發揮輔導的功能。在作法上應從組織建立，人員聘請，經費運用，資料蒐集，計劃策定，工作推展等項分途前進，茲就以上工作要項分述於後。

一、組織建立：

爲使學校輔導工作有效推行，應成立「輔導工作推行委員會」，以便統籌輔導工作業務，委員會之主任委員一職由校長擔任，並設執行秘書一人，負綜合策劃與協調之責。委員則聘請各處室（科）組主管及指導老師，年級導師代表等有關人員組成，委員會人數最多以不超過十五人爲原則。另外各學校應設立學生輔導中心（或稱輔導室），作爲工作與研究之場所，內設辦公室，諮商室，及資料管理室等，由執行秘書主持，綜理輔導工作之策劃與推展事宜。

二、人員聘請：

各項工作應請具有輔導專業經驗者擔任指導教師，其中執行秘書一職，從資深指導教師中聘任之，或由訓練主任兼任。專任輔導教師，則負責從事測驗、諮商、個案研究、資料管理，及其他有關的輔導工作。輔導教師以每五百人設置一人爲原則。高工雖然男女合校，但女生不多，僅需聘請女性輔導教師一至二人即可，以負責解決各種特殊問題。

三、經費運用：

依照高級中等學校收費辦法的規定，每學期每一學生可收指導活動費台幣二十元，此項經費用來舉行測驗，參觀、訪問、購買設備（包括參考書籍、測驗材料及必需之器材等），不作人事上工作津貼之用，另在學校年度預算中，寬列經費，作爲推廣輔導工作之需。

四、資料蒐集：

資料是工作的基礎，有了充實的資料，才能了解學生的各種情事，運用適當的方法，輔導他正常的發展與成長。高級工業職業學校實施輔導工作，在資料的蒐集與建立上面，應從下列的途徑去做。

㈠**與原畢業學校資料連繫一貫：**高級中等學校的輔導工作，即是國中（初中）輔導工作的延續，因此學生入學時，應與原畢業學校取得密切聯繫，索取原有的全部動態和靜態資料，以作工作之依據。

㈡**調查個人一般狀況：**調查是蒐集資料的主要方法，從調查中可以了解學生的家庭狀況，個人的身心發展情形和學生與社會活動等。將調查結果的資料加以評鑑與記錄，以供輔導學生之參考。

㈢**舉行各種測驗，分析學生性向**：從各種測驗中可以了解學生的性向、興趣、智力……等，用途很大，正確而標準的測驗，可以評量個體的心理狀況及行爲趨向，避免對學生有主觀的看法。

㈣**資料的保管與運用**：資料建立以後，應妥善保管與運用，對資料內容更應嚴守秘密。各學校須指定專人，負責資料記錄及管理之責，並應訂定調查辦法，以備隨時使用。

五、計劃策訂：

計劃是工作的依據，行政組織，人員，經費與設備都已具備了，並已建立學生資料，就應擬訂工作計劃，以便於有計劃有步驟的實施。

輔導工作計劃之訂定，應分爲全程（三學年）工作計劃，和單項工作計劃，其要點如下：

㈠**全程（三學年）工作計劃**：把學生在學三年期間，每一學期的工作目標，及實施方式與負責執行的單位等應分別列出，另在工作項目下詳訂進度，俾有準繩，此項工作計劃，乃學校實施輔導工作之根本計劃，應審愼策訂，考慮週詳。

㈡**單項工作計劃**：有關全校各年級的主要工作項目，因涉及範圍較廣，且須其他單位的支援時，應依據全程工作計劃的內容，另行訂定單項工作計劃，以求工作的實效，如始業輔導計劃，課業輔導計劃，測驗計劃，升學輔導計劃，職業輔導計劃，個案研究計劃……等。工作計劃的內容，必須有目標、有重點、具體可行，並須與學校各行部門密切配合，以免流於形式。（註三）

六、工作推展：

輔導工作是具有連續性的，因此在高工三年的求學歷程中，工作重點都不相同，各學校應依照各年級不同的教育內容與需要，把握工作重點逐項實施：

㈠第一學年：教育輔導與生活輔導並重：國中畢業學生考入高工後，由於學習方式與教育環境的變異，在心理上可能增加一些困擾，因此第一學年即應重視教育輔導。其實施項目有：*1.*調查學生在國中時代的學習情形，*2.*激發學生學習興趣，*3.*培養學生良好的學習情形，學習態度，*4.*利用班會或自習時間檢討學生的學習成果，*5.*改進學生學習上的困難等。從以上各項工作來增強學習效率，建立正確的學習觀念。

生活輔導亦為第一學年的工作重點，學生初入新環境，生活上恐難適應，學校對一年級的學生，在生活上要特別照顧，並對他們在生活輔導上應注意*1.*實施始業輔導；*2.*舉行智力及性向測驗；*3.*實施身體檢查及體能測驗；*4.*實施家庭訪問；*5.*輔導學生自我檢討；*6.*加強班會及週會活動；*7.*輔導學生參加聯課活動；*8.*實施個別諮商及個案研究。從以上各項工作來輔導學生適應環境，發展學生群性及社會適應能力。

㈡**第二學年**：以職業輔導，教育輔導爲主，兼顧生活輔導。高工的教育目標以就業爲主，爲求培養職業技術人員，第二學年的輔導工作應以職業輔導和教育輔導爲重點。在教育輔導方面的主要工作爲 *1.* 檢討學生學習上的成果；*2.* 協助學生解決學習上的困難；*3.* 調查及培養學生的特殊才能。另外職業輔導的重點爲 *1.* 加強工作神聖、工作平等及職業道德之觀念；*2.* 輔導學生認識自己的條件——如性向、興趣、智力、體力等；*3.* 認識職業要求的條件及選擇職業的方法。主要目的在輔導學生對職業有正確的觀念，並了解選擇職業目標的過程。

第二學年以後，學生在生活上已較能適應，身心發展亦漸臻成熟，生活輔導工作著重獨立行爲與思考能力的培養，其工作重點爲 *1.* 實施行爲困擾調查與測驗；*2.* 調查學生家庭及社會適應狀況；*3.* 繼續輔導學生自我檢討；*4.* 繼續實施身體檢查及體能測驗。從以上的各項工作來輔導學生自我認識，並培養學生達到獨立行爲及思考能力的目標。

㈢**第三學年**：以職業輔導爲主，生活輔導爲輔：職業輔導爲高工的主要工作。學生畢業後能否得到適當的安置，或獲得一份符合志趣的工作，這是非常重要的問題。因此輔導工作項目應爲：*1.* 搜集並介紹職業資料，輔導學生瞭解職業機構及一般就業趨勢；*2.* 舉辦職業問題座談及參觀訪問；*3.* 輔導學生選定自己職業目標；*4.* 聯繫當地就業輔導機關團體，協助學生就業。輔導的目標在：加強學生對職業的認識，輔導學生選定職業目標，協助解決就業問題。

到了第三學年，學生都能適應生活環境，惟在心理上因面臨就業與升學兩大問題的困擾，學生的情緒可能不穩定，必須予以個別輔導，以安定學生情緒發展身心平衡的人格。

高工畢業學生雖以就業爲主，仍有一部份學生志願升學，以投考科技大學或工專二、三年制較多，其次就是師大工業教育系。故在升學方面亦應有適當的輔導，其工作項目爲：*1.* 調查志願升學各類科之人數；*2.* 邀請畢業校友返校報告或座談；*3.* 實施升學課業輔導；*4.* 聘請有研究之教師，講授升學考試的技術與心理。使學生認識升學目標，達成升學願望。（註四）

伍、結 語

總之，學校輔導工作，不僅重要，而且是迫切需要實施的工作。按照我們學制，高級中等學校學生的年齡爲十六歲到十八歲左右，這一階段正值青春期，此時期的生長與發展，不但生理發生變化，而且心理和社交方面亦發生變化。必須有適當的輔導，方可以使其正常發展。但如要使輔導工作做到眞正有效，又須學校校長及全體教師與輔導工作人員通力合作，群策群力始可達成任務。本文所列的工作作法僅係犖犖大者，尙請輔導工作同仁運用最高智慧，提出更具體更有效的辦法，以達到工作的最大效果。

註釋

註一：參閱劉時鎰撰：「消除個案學生形成因素之研究」載「輔導月刊」第五卷第五六期合刊。

註二：參閱唐守謙著：「教育指導」私立東海大學出版。

註三：參閱吳正勝撰：「高級中學實施指導工作的途徑」載「師友月刊」六十六期。

註四：參閱「台灣省高級中等學校指導工作實施要點」——台灣省六十一年十一月二十四日冬字第四四期公報。

如何發展社會體育

一、前言

我國教育的內容，是德、智、體、群四育並重。學校教育的目的，在培養學生有高尚的品德，豐富的知識，健全的體魄，合群的美德，成為一個健全的國民。我們國家重視體育，還是民國建立以後的事。在這以前，一般讀書人只知道整天埋頭讀書，根本不知道運動。等到應試登科、學業成功的時候，體格也就衰弱了。讀書人都成為「文弱書生」。在求學的時候，不注重體格的鍛鍊，社會上更不重視體育運動的推行，因而造成國民體格的瘦弱。國勢也一天一天的衰敗下來，致被西洋人叫我們為「東亞病夫」。的確，以前咱們中國人很難找出幾個體格健美的人，每個人的身上或多或少的存在著一些毛病。這是咱們中國人最大的恥辱。

二、我們當前教育狀況檢討

我國各級學校把「體育」這門課程，正式納入教學課目實施，不過是近數十年來的事，以往只是徒具體育課的虛名，表面上看起來很嚴格，體育一科不及格的留級。實際上，因爲體育不及格而留級的人眞是鳳毛麟角。一般來說，不是學校的體育設備缺乏，就是體育教學敷衍了事。至於社會體育更不必談了。茲將目前臺灣一般體育狀況，就個人觀察所及，列述於下：

①**體育組織**：目前政府主辦教育的機關中，設有主管國民教育、中等教育、專科教育、高等教育、社會教育等部門，從小學到社會的體育教育，由各有關部門擬訂；關於體育活動，由全國各種體育協會去策畫辦理。無事權專一的組織，因此體育工作無法積極展開，體育活動亦無法全面推展。

②**體育設備**：「工欲善其事，必先利其器。」要發展體育，必先充實設備。目前在臺灣還缺乏一個符合國際標準的運動場。各縣市除了桃園、新竹、臺中、嘉義、屏東、臺南市、高雄市、台北市以外，其他許多縣市只有運動場所的形式，缺乏體育器材，有的連一個普通設備的運動場都沒有。

③**體育師資**：現在臺灣培養體育師資的學校，只有師範大學跟兩所體大（輔仁大學、文化大學近年來也設有體育系），每年畢業的人數有限。由於各級學校不斷的增加，體育師資極感缺乏，發生供不應求的現象。有的中等學校連一個科班出身的體育老師都沒有，而以其

他科系出身的人來代替。

④體育運動：臺灣自光復以後，雖然在每年之中，各學校、各縣市以至於全省都有運動會的舉行，這不過是一種代表性的例行集會而已；或者藉舉行運動會的機會，培養少數幾個代表，好為本縣市、本學校奪取一兩個錦標，爭取團體的榮譽，實際上並不能達到普及體育的目的。

三、形成體育運動不振的原因

一項工作的成敗，並不是一天兩天的事。就以籃球運動來說，中華籃球隊在第一第二兩屆亞洲盃名列第二以後，三、四、五屆亞洲盃賽落到第五、第四的地位。從這一件事情可以說明我們中國人並不是不如人，而是缺乏持久有恆的發展體育運動的精神。大韓民國的籃球運動卻蒸蒸日上，一九七〇年第一次在國際比賽的豐收，現在稱霸亞洲，得到第五屆亞洲盃、六屆亞運的雙料冠軍。我們看了國內外一般的情形，坦誠的檢討之後，發現造成我國體育不振的原因，不外乎下列幾點：

①社會普遍的不重視。一般人認為體育工作的推行，是少數的承辦人的事；體育競賽也只是少數幾個代表而已。這種積弊根深蒂固。這些年來，雖然或多或少的改進一點，但是大部分還是積重難返。

②缺乏長期發展計畫。我國的體育近年才有事權統一的機構，似無長期發展的計畫，每次參加世運、亞運，都是準備匆促。看看人家韓國，他們的政府投資一百多萬美金，在漢城近郊一個名叫「週末海島」上建築一座專爲運動員集訓的「泰林村」，這座選手村，不但有巨型而設備齊全的運動場所、體育館，而且還有舒適的宿舍，選手休閒時的康樂場所。根據新聞報導，上屆亞籃的韓國代表隊在「泰林村」就接受了近半年的集訓，雖然長期的集訓是辛苦而容易生厭的事，但是以韓國隊所得的成績看來，他們顯然是在無憂無慮的情況下專心練球，絕不是像我國的亞運、亞籃選手一樣，是住在「夏熱冬涼」的體協教室裏，僅僅集訓短時間而已。

③體育經費極度短絀。一項工作的推展，經費愈充裕愈好，何況體育運動是一項日新又新的工作？據筆者所知道，除了省縣市政府每年辦一次運動會的經費有固定的預算以外，其他全國性的各體育組織多數經費短絀，要推行體育運動，就難免有心餘力絀之感。巧婦難作無米之炊，這是體育不振的主要原因。

④墨守成規觀念落伍。從上屆世運亞運跟五屆亞洲盃籃賽可以看出，我國各項運動教練多是業餘人員，大部分是根據過去經驗來教學生。教練既很少有深造研究的機會，學生當然墨守成規，無法吸取更新的知識，因此各種運動競賽都是落人之後。至於各級學校上體育課敷衍因循，對於各種運動的知識不能作系統的灌輸，各種活動的基本動作也不能嚴格訓練，

奠定良好的基礎。

四、發展社會體育的有效途徑

①健全體育組織。有關體育教育政策的擬訂，暨有關體育活動的策畫與推展，應該由全國體育協進會負全責。現有的全國體育協進會應該採用會員代表的方式，改組成立，廣納全國體育界的專家學者以及熱心體育的各界人士，並且確定內部工作人員的編制與職掌，使這個組織保持獨立的精神，進而發揮摯誠的工作情緒。省、縣、市、鄉、鎮，也應該仿照成立組織，達到事權統一的要求。

②撥定固定經費。現在全國性的各體育組織多數都叫窮，政府斷斷續續補助，日積月累，也不是一個小數目。與其如此，不如撥一筆相當數字的專款，存入銀行，讓體育團體靠年息或依照預算工作項目來開展應該做的事。

③訓練專業師資。師資問題是發展體育運動的急務。大學、專科每年畢業的體育系學生，分發中學任教，已有「不夠分配」的現象。學校體育師資都缺乏了，更不必說發展社會體育的教練了。因此要發展全民體育，除了設有體育科系的學校應該擴增班次，增加招生名額以外，在推展社會體育方面，必須培養專業教練，編列預算，納入各級體育協進會。如此，體育水準才能眞正提高。

④**普設運動場所**。我們目前還沒有一個設備完善的運動場所。每年舉辦的省運會，經費不充裕的縣市沒有勇氣去爭取。省縣市政府平常就應該列有體育場地設備費的預算，逐漸整修擴充才是。政府計畫在石門水庫附近空地擴建一個綜合運動場，這是令人興奮的消息；但是不知爲了甚麼，至今未見實現。臺北市、臺灣省和各縣市，至少應該興建一所包括球類、田徑、游泳等設備的一所綜合運動場，才能便利體育活動的推行。

⑤**獎掖從業人員**。關於擔任教練、裁判員以及在各類運動上表現優異的人員，應該給予適當的獎勵，關心他們的生活和福利，使他們能夠在生活安定之下，更專心於他們應做的工作，和本身進修研究的工作。

我談體育

教育的內容，包括德育、智育、體育、群育四項。學校教育的目的，在培養學生具有高尚的品德，豐富的知識，健全的體魄，合群的美德，成爲一個健全的國民。

體育一項，首由希臘羅馬時代所提倡，那時候他們還是過著狩獵生活，一面打獵，一面接受教育，傳播文化，直至西羅馬衰亡，日耳曼民族繼之以傳教方式推廣教育，體育活動仍相沿實施下去，以至於今。歐美國家乃至日本，學校體育及社會一般體育的推行，均甚重視。我國政府提倡體育，還是建立民國，北伐完成以後的事。在此以前，一般讀書人祇知道整天埋頭在案台上念書，根本不知道運動，等到應試登科學業成功的時候，體格也孱弱了，因此一般人稱「讀書人」爲文弱書生，在讀書的時候不著重體格的鍛鍊，社會上更沒有體育運動的推行，因而造成了國民體格的瘦弱，國勢也一天一天的衰敗下來，致使西洋人叫我們爲「東亞病夫」。的確，我們中國人很難找出幾個體格完全健美的人，在每個人的身上或多或少的存在著一二種毛病，這個可恥的稱號，到現在還未能完全剷除掉。

我國各級學校把「體育」課程，正式納入教學項目實施，不過是近二三十年來的事，在以往的時光中，也只徒具有體育課的虛名，表面上看起來規定很嚴格，體育一科不及格的留級，實際上因體育不及格而留級的又有幾人，一般來說，不是學校的體育設備缺乏，就是體育教學敷衍了事，在體育運動上只是一曝十寒，很少看見持之有恆，以目前台灣來說，雖然在一年當中，各學校、各縣市，以至於全省，都有體育運動會的舉行，這不過是一種象徵性，代表性的例行公事而已，或者說藉這個機會培養少數幾個代表，好爲本縣市，本學校爭取一兩個錦標，爭取團體的榮譽，實際上未能達到普及教育的目的。眞正的體育運動的作用，要使每個人都是運動員，比賽的時候從下到上，逐級選拔對某項運動技術表面優勝者頒發獎品，以資獎勵，這樣才能達到提倡體育運動的風氣，促進國民的身心健康。不久以前我們最高教育當局通令各縣市，自五十六學年度開始，國民學校畢業學生投考初中，必須加考體育一項，規定考試的項目雖然簡單，作用亦甚良善。不過在時間上似乎太迫促了，一個創新的工作規定下去，必先經過試辦，然後檢討效果，再衡量狀況實施。在此復國建國任務急需完成的時候，體育運動之普遍推行，實在是不容遲緩的事，俗語說：「健身救國」，寄望我政府當局的主管機關，拿出一套具體的辦法來全力推展國民體育運動。

談中學生交友問題

朋友對於一個人的品德、行爲、學業、事業都有很大的影響。我們中國是一個禮儀之邦，特別重視人與人之間的關係。孟子滕文公篇說：「……父子有親，君臣有義，夫婦有別，長幼有序，朋友有信。」中庸也說：「君臣也、父子也、夫婦也、昆弟也、朋友之交也，五者天下之達道也，」這裏所講的君臣、父子、夫婦、兄弟，朋友五種人倫關係，合稱爲「五倫」。「朋友」列爲五倫之一，足見其重要性。

關於交友的問題，孔子在論語中說得很具體。所謂：「益者三友：友直、友諒、友多聞、益矣；損者三友：友便辟，友善柔、友便佞，損矣。」簡單的說，人生爲學，擇友是最要緊的。朋友能使人受益，朋友不好，能使人受損。使人受益的有三種朋友，使人受損的也有三種朋友。結交正直的朋友，他心直口快，沒有迴避，能規勸你的過失；結交信實的朋友，他胸懷誠實，沒有裝飾，能陶養你的眞誠；結交見識廣的朋友，他學問淵博，閱歷又深，能增廣你的見識。有這三種朋友，自然是要受益了。相反地結交周旋世故，慣於逢迎的朋友，學到了他的缺點，最能助長你的過失；結交虛情假意，討人喜歡的朋友，沾染了他的習氣，最能汨沒你的眞誠；結交不學無術，游談無根的朋友，聽信了他的言語，最能迷亂你的見識。有這三種朋友，自然要受損了。除了孔子前面所講的幾種朋友之外，最常見的還有所謂患難朋友和酒肉朋友，前者平常交往也許很冷淡，當你遭遇急難的時候，就很熱心相助。後者是趨炎附勢，當你有錢有勢的時候，過從甚密，殷勤相交，一旦事業失意，經濟崩潰，就不與你交往了。人生需要朋友，每一個人所需要的是正直，信實，博學多才的朋友，更需要患難相助，道義相交的朋友。

現在談到中學生交友問題，這是目前社會上熱烈討論而爲人們所重視的一個問題。交友本來是沒有年齡限制，一個人離開家庭踏入社會，隨時隨地都需要朋友幫忙。俗語說：「在家靠父母，出外靠朋友」。工作上需要朋友勸勉鼓勵，遭遇困難，需要朋友協助解決，讀書求學，需要朋友相互切磋砥勵。一個人獨身研究學問是無法解疑釋難求得進步的。禮記學記篇云：「獨學而無友，則孤陋寡聞。」由於事實說明，中學生是需要交友，但是交些什麼朋友，不得不愼重考慮的，如果交友不愼，即將陷入歧途。古語說「與善人交，如入芝蘭之室；與惡人交，如入鮑魚之肆。」又說：「近朱者赤，近墨者黑。」今天的社會，由於社會結構的急劇變化，國民生活水準的普遍提高，加以社會發展與經濟發展又不能平衡，發生許多社會關係不能調和的問題。諸如就業，就學，婚姻……等是。

中學階段依年齡來說，爲十三歲到十八歲，在此年齡正值發育成長，性格變化最大，好勇鬥狠，感情衝動，一遇到不如意的事情，馬上表現暴躁，忿怒、迷惘、徬徨，教育學家稱爲最危險的時期。在這個時期中，因爲中學生年齡輕，閱歷差，缺乏判斷是非的能力，又加上好奇心的驅使，很容易受到外界的影響而不能自制，染上社會不良的惡習。近年來所發生的幾件不良少年的違法案件，有的是在學學生，有的是失學失業的青少年，這些事件的發生，社會、學校、家庭、以及他個人，都應負責任，究其原因不外是考試落第、就業無門，加上浪蕩成性，家庭中父母不管，學校無法管，受到社會風氣的感染，企圖不勞而獲，坐享其成，或搶劫強暴，以逞其私慾；或與異性冶遊，以獲得精神慰藉；或吸食強力膠，以尋找精神刺激；或結群成黨，以發洩心中憤恨；類似這些不良事件，都不是個人獨自的行爲，至少有兩人以上的集體行動，嚴格來說，與交友有直接間接的關係。因此，我對中學生交友，提出下列幾點看法：

一、中學生尙未成年，頭腦單純、缺乏社會經驗，對於問題的看法，不夠深入，尤其國中生尙未脫離幼稚氣，言語行動都不夠老練，不宜與外面廣交朋友。

二、中學階段課業繁重，除了學校的正常活動外，無暇分身參加校外的社會活動，交往的朋友，自以本校同學爲主。

三、家長應隨時了解子弟的行爲、動向，對他日常生活，多予關懷鼓勵，發現行爲不當，或情緒不正常時，即行了解他的實際情形，及時勸勉糾正。

四、中學生交友，應以在學青年爲限。彼此之間的交往，著重在學間的研究，爲人治事方面的探討，和體育聯誼活動等，與異性同學交往應該有所限制，避免參加男女同學的社交活動。

總之，中學生交友有其必要性，由於年齡和學業的關係，自以交學友爲宜。對於朋友的選擇，不可不愼重，更不可任意與人交往，依照古聖先賢的嘉言，以交益友爲宜，以創造美滿幸福的將來。

效法孔子

世人皆知，孔子是我們中國的大思想家。與大教育家，他刪詩書，定禮樂，贊周易，作春秋。上繼堯、舜、禹、湯、文、武、周公之緒，而集其大成，為中國文化奠定了堅固的基礎。但如何去效法他呢？孔子的偉大處非筆墨所能罄述，眞所謂「德配天地，道冠古今」，茲略舉他為學治事、做人方面幾項犖犖大者，作為我們效法和實踐的起點：

一、好學審問

孔子在論語中開宗明義說：「學而時習之」就是教人為學要時時溫習，他要求學生「溫故而知新」，溫習以前所學過的東西，才能領悟出新的道理來，他常說他自己是「學而不厭」的，是「發憤忘食」的，他要承認他自己是：「十室之色，必有忠信，如丘者也。」他之所謂「學」，就是要學做一個堂堂正正的中國人，他提出「文、行、忠、信」四字，作為治學的最高目標。孔子認為要使學問進步，必須多問。他說：「就有道而正焉」，又說：「疑思問」，並稱讚孔子「不恥下問」，這些這是說自己求學的時候，一經發現有疑問的地方，就應該馬上向有道德有學問的人去請教，即或對方的地位低於自己，也不應該有所顧慮，他曾問禮於老聃，訪樂於萇苡，學琴於師襄，問官於郯子。以至於「入太廟，每事問」等，像這樣遇疑必問，學問一定是進步的。

二、愼言敏行

孔子的教育宗旨，是極其廣大精深。是想造就一批多才多藝，有爲有守的政治幹部，來作經國濟世的大事業。故對治事主張篤行實踐，因此，他教育學生說話要謹愼，做不到的不說；做事要求敏捷，說出的話，一定要做到，未做到之前絕對不可以開空頭支票。例如他說：「敏於事而愼於言」；「君子欲納於言而敏於行」；「古者言之不出，恥躬之不逮也」；「君子恥其言而過其行」；「先師其言而後從之」等等。這些都是孔子要求敏言愼行方面的例子。

三、講求信用

孔子在做人方面特別注重一個「信」字，他認爲不僅對朋友要守信，凡待人接物都要有信用，譬如說：「與朋友交而不信乎」？「敬事而信」；「謹而信」；「人而無信，不知其可也，民無信不立」；「上好信，則民莫敢不用情。」這都是關於守信方面的要求。

四、不計名位

孔子做人要務實，要腳踏實地求眞學問，具備眞能力，至於有沒有名氣，有沒有地位，和人家對自己了解不了解，都不必去計較。他說：「人不知，而不慍」。又說：「不患人之不己知，患其不能也」；「君子病無能焉，不病人之不己知也」；以及不患無位，患所以立；不患莫己知，求爲可知也」，其意義就在此。

五、注重禮節

禮是一個人立身處世的根本，爲人治事的準繩。孔子對於「禮」是非常注重，他說：「立於禮」。又說：「不學禮，無以立」；「學之以禮」；「恭而無禮則勞，愼而無禮則葸，勇而無禮則亂，直而無禮則絞」。這都是說一個人在社會立足，必須學禮，因爲禮是社會的規範，因爲禮可以約束自己的行爲。一個好的德性的養成，是從禮的節度中修養出來，所以禮是人生，所不可缺少的。

六、勉人改過

孔子主張一個人不怕有過，有了過錯即須改正過來，他說：「過則勿憚改」。又說：「過而不改，是謂過矣。」孔子自己就是不諱言過的，縱或他的過失不一定是眞過失，他只要聽到有人對他批評不對的地方，他即坦白承認，如說：「丘也幸，苟有過，人必知之」每一個人如果都具有坦白認錯的修養，就能遷善改過，也纔能終善其身。

此外，孔子的教育精神與教育方法，也是值得我們效法的，孔子的教育精神是：「學不厭，教不倦。」唯其「學不厭」，所以無論對知識對道德，都無自滿的態度，而能不斷的求進步；唯其「教不倦」，所以使聰明者固可聞一知十，而愚笨者亦有進德修業的機會。孔子的教育方法是：「以身作則，因材施教，相機啓發，循循善誘。」孔子教育三千個弟子，培養出七十二賢人，而成爲千古以來第一位偉大的教育家，就是運用以上的方法，而收到了最大的功效。

溫故知新

時代不斷的進步，科舉文明也不斷的日新月異，人類的知識技能必須隨著時代長進，才能適應社會的需要而生存下去。達爾文的進化論說得很清楚，所謂「優勝劣敗，適者生存」，就是這個道理。我們知道，學問是無止境的，在學校固然可以求學，在人群社會之中同樣可以求學，一般人說，求學問必須要有老師指點和誘導，其實不然，只要是肯用心求學問的人，不必一定要從師受業，隨處都可以得到老師，譬如三五個人在一起走路，其中至少有一個人必有可以師法的地方。孔子曾經說過：「三人行必有我師焉，擇其善者而從之，其不善者而改之。」因此，祗要我們有恆心有毅力的去求學問，不僅在學校中可以求學，在大社會中活動也可以精求學問，歷史上苦學成功的人大有人在，遠者不談，就以我國前任行政院副院長王雲五先生來說，他是一個沒有進過學校而在學術上很有成就的大學問家，他的學問以及他治學的精神，值得我們欽佩與效法的。

目前在台灣求學的風氣相當興盛，以大專學校來說，就是設立夜間部，也是無法全部容納下去，這倒是一種可喜的現象。有些人年逾不惑，兒女滿堂，仍克服一切困難，白晝工作，晚間求學，這種精神令人敬佩。有的人自以爲滿足，不求上進，即或進入學校求學，認爲是混個學歷，找一張文憑而已。其實這是一些不正當的看法與想法。我們中國有一句俗語：「活到老，學到老，學不了。」意思就是說時代是進步的，要跟上時代，適應時代的需要，不學無術的人，自暴自棄的人，不求上進的人都將要被時代所淘汰。蘇老泉二十七歲才發憤讀書，後來成爲唐宋八大古文家之一，呂蒙年過四十，才篤志向學，終被魯譽爲「非復吳下阿蒙。」這些人是我們的先進，更是我們的好榜樣。

讀書是沒有年齡限制的，更不受時間空間的約束，我們生長在這個大時代裏，又處在這樣一個安定繁榮的社會中，能不發憤向學嗎？先聖孔老夫子告訴我們：「溫故而知新，可以爲師矣。」衹有誠懇地遵循著他的指示，潛心求學，準備接受時代的考驗。

讀「學記」有感

「學記」是禮記一書裡面第十八篇。鄭玄目錄中說：「名曰學記者，以其記學教之義。」讀了這篇書以後，可以知道儒家教育理論的大概內容。全篇的主旨，在說明「學」爲脩道化民的根本，並提示教學的基本原理。對於學制方面的論述比較少。開宗明義就說：「君子如教育民成俗，其必由學乎！」又說：「古之王者，建國君民，教學爲先。」下文又說：「能爲師，然後能爲長，能爲長，然後能爲君。故師也者，所以學爲君者也。」這些都是在說明教學的重要，以及怎樣達到爲人君的地步。古時候的師道尊嚴，和政教合一的制度，從這裡就可以知道一個大概了。其中所講的教育方法，著重「豫」、「時」、「孫」、「摩」四點，換上時代的新名詞來說，就是我們今天所說的「預防法」、「及時法」、「漸進法」、「觀摩法」，陳述非常精微，就是現時最新教育學說，亦脫不了這個範疇，從此也可以看到我們先秦教育思想的一斑了。

學記未署明作者姓氏，據記載是西漢梁人戴聖所采輯的，距離現在有一千多年的時間。我們感覺很榮耀的，就是在一千多年以前，先聖先賢們有這樣完善的教育思想，但是也感到慚愧的，一千多年以後的今天，在教育制度上，教育方法上，教育思想上，仍然停滯在古舊和落後的階段。世界科學文明進步一日千里的今天，我們在教育學術方面，不但未能把先人遺下來的優良思想，完善的方法，合理的原則，予以發揚，相反的還發生許多不可想像的弊端，現在我把我國目前一般教育狀況，和應迅謀改進的地方簡述於後：

一、升學競爭

目前在臺灣，就大學、中學、國民學校的數量與人口的比例上說，已經達到了飽和點，但是年年設校增班，仍然不夠容納，原因是一部份人爲了混一個學位，或者逃避服行兵役的義務，想盡辦法進大學，不問學校的好壞，也不管繳費多少，以致到了後來學不能用，更談不上適應國家的需要，爲國家效力了。

二、惡性補習

由於升學競爭的觀念普遍作祟，因而導致教學上發生偏差，學校惟恐學生畢業後不能繼續考入高一級的學校，學生家長又恐怕自己的子弟不能達到升學的目的，各級學校除正課以外，利用課餘加強補習，甚至還是犧牲正課時間而從事補習的。如此填鴨子式衹著重知識的灌輸，不注意學生的身心健康，使可塑性極強的學童及在學青年的身體與心理，受到嚴重的損害，問題從此叢生。

三、忽視道德教育

學校教育的目的，在使學生有豐富的知識，高尚的品格，強健的體魄，將來有成爲一個健全的國民。但是今天的狀況並不如此，服裝不整齊，禮節不週，不遵守公共秩序與公共道德的學生，隨時可見，社會風氣亦隨著敗壞了，這是應該迅謀改進的地方。總之，我國當前的教育制度、教育風氣，尙待改進之處甚多，應趁此延長義務教育的機會，作全面的檢討與革新，一方面要適應國家的實際需要，一方面採用歐美的長處，策定一套可行的辦法，革除以往頭痛醫頭，腳痛醫腳的陋習，矯正時弊，爲國家前途著想，好好的培養下一代。

「百合花凋」讀後

大業書局最近出版的「百合花凋」，是名作家公孫嬿的力作。當該文去年在本刊連載時期，曾受到廣大讀者的歡迎。

「百合花凋」有著一個奇特的故事。男主角賈大剛是個下級軍官，中德混血兒，卻又是長沙世家子。他爲了國家作戰負傷，爲了愛情而看破紅塵，爲了本身對於大時代的責任他又正視人生。這三個絕不可混淆的事實，塑成他的「型」，因此而有了離奇的穿插，造成的故事引人入勝。女主角葉秋心是個新寡，她彷彿象徵了悲慘的時代，她以美麗又智慧的眼，看透了「這是個最好的時代，也是最壞的時代」，她的一生遭遇證明了，「這是光明的季節，也是黑暗的季節」，最後她遽然的殞落，又確定了「我們有著一切，我們什麼都沒有」。算是迭更司在雙城記中一開頭的話，在今天，在東方，在我們身處的大時代中；又被公孫嬿找到了鑿實的證據。

「百合花凋」原是一首歌曲的名稱，用作本書的題名。這支歌，是葉秋心所愛唱的，首片都用它作小引，作者對讀者有了完整的交代。同時在全書中所有的人物——如賈爾柔、賈夫人、李光、周白蓮、任光生等；都有完整的交代。對於我們渴念大陸的這些人，「百合花凋」幫助我們重溫舊夢。其中空間的背景如南京，如蘇州，如湖南……每一個小地方，都易勾起我們沉重的鄉情，使我們不要淡淡忘卻了大陸。故事是關於軍人的，而又含了深奧的人生哲理，這書告訴人們消沉並不能解決問題，悲愴並不能拯救自己；唯有奮起，唯有前進；唯有他自己的責任堅強的擔負起來，才能創造出一片新天地。誰吝嗇流血流汗，誰就不能成功。所以說這是一部含蓄不露骨的戰鬥文藝作品。

十月是個光耀的月份。在這個月裡，本書作者有新婚之喜。並同時有「百合花雕」、「夜襲」、「解語花」三部長篇問世。這對他眞是值得紀念的事。

略談復興中華文化

一、前　言

我中華民國與希伯萊、巴比倫，原爲世界三大文明古國，後二者均早已滅亡，惟我中國仍能屹立於世界，維持了五千多年的歷史，究其原因，就是靠我們優美的傳統文化。在這數千年的歷史發展過程中，雖然曾數度遭受異族的侵略與摧殘，其結果我們不但未爲異族滅亡，相反的異族被我們所同化了。日本帝國主義者想憑藉其科學發展的勢力，實行統治亞洲的迷夢，向我們發動侵略，由於我們全國國民在　蔣總統的領導下，堅定民族的自信心，經過八年的浴血奮戰，終於被我們打敗了，這些事實，說明了中國文化的延續力量。

二、中華文化的歷史發展與特性

中華文化自有歷史記載差不多五千多年了，而記載較爲詳實及文化發展較爲興盛的要算周朝。我國文化的發展軌跡，不論其歷史的變遷如何，從古到今，只有「忠恕」與「仁愛」

四個字，也就是 國父所說的「忠、孝、仁、愛、信、義、和、平」八德，說得具體一點，就是「敦親睦鄰」，其宗旨不僅要使中國永遠存在，還要使世界民族永生存下去，這是我中華文化優於各國文化的特點，也是中華文化發展與延續的關鍵所在。

三、中共摧毀中國文化之事實

我中華文化所不幸的是：自民國三十八年，中共佔據大陸以後，先後實行文字拉丁化及思想改造運動，藉以毀滅我數千年的光榮歷史及傳統文化。近年來更發動「紅衛兵」，利用中小學的年輕無知青年，大搞「文化大革命」，企圖摧毀中國文化，破壞優良的道德習俗，其用心之可惡，手段的毒辣，與秦始皇相比，實過之而無不及，殊令人痛恨。

四、復興中華文化之有效途徑

我們為了拯救國家，為了拯救民族，復興中華文化實在是刻不容緩的事，所以 總統在去年 國父一百零一歲誕辰的那一天，特別發表文告昭告國人復興中國文化，並規定是日為中華文化復興節，全國各界均紛紛響應，掀起文化復興的高潮，不久以前，中央還成立中華文化復興運動推行委員會的組織，專司策劃與推動之責。筆者爰於此提出幾點管見，以作推行此運動之參考：

(1)**整理文化遺產**：負責教育行政及文化等機關，邀集國內外學者，將我國固有的書籍，如：經、史、子、集，……作有系統，有條理的整理，大量印制分發，並規定各級學校，某些書籍列爲必修課程。

(2)**恢復固有文化**：一切優良風俗習慣繼續予以保持，指定有關機關編印一些有關恢復善良習俗的書籍，指導推行，各報章雜誌大量闡述復興文化之有關文章，藉以擴大影響。

(3)**發揚固有道德**：我國素被稱爲禮儀之邦，有關禮節之推行，以及「敬老尊賢」、「民族自覺運動」，應繼續實施，藉收潛移默化之效果。

五、結　語

復興中華文化是目前當務之急，而復興並不是復古，是把中國固有的優良文化及善良習俗予以恢復，使之發揚光大，我們是中華兒女，是黃帝的子孫，應該負起「爲往聖繼絕學，爲萬世開太平」之責任。

復興中華文化與國民生活現代化

——認識中華文化的真諦——

一、何謂文化？

文化二字的意義，言人人殊，說法不一，在我國的古籍中，最早見於易賁卦象傳「觀乎人文，以化成天下」，孔穎達正義謂：「觀乎人文，以化成天下，言聖人觀察人文，即詩書禮樂之謂，法此教而化成天下。」程易川易傳云：人文，「人倫之倫序，觀乎人文，以教化天下，天下成其禮俗。」清朝彭申甫於易經傳義解注辯正稱：「大而言之，則國家的禮樂制度；小而言之，則一身之車服，一家之宮室。」這些都是對於易經所言「文化」所作的釋示，與近代一般社會學家和人類學家稱文化為「生活方式」不謀而合，從這裏可以知道文化不僅是「物質」，同時也包含了「精神」。世界名人對「文化」一詞有下列各種說法：

泰勒（E. B. Taylor）在「原始文化」一書中，對文化有下列的解說：「文化是知識、信仰、文藝、道德、法律、習慣以及社會中成員所學習的總合。」

羅素在「西洋哲學史上則以思想爲文化的核心，他說：「思想非遺世獨立的冥想，而是政治和生活的動脈，一面爲其時代的產品，一面又有新時代的創造。」其結論爲：「思想史乃成爲文化史的樞紐。」

美國的杜威指出：「人類日常生活上的聯繫和共同生活的條件，這種錯綜複雜的關係，我們稱它爲文化。」

戴季陶先生的說法是：「人類具備了兩手兩足和靈敏的頭腦以來，用發明和工作的能力，利用自然異的事物，供給人類食、衣、住、行、育、樂六種享受，這叫做文化。離開發明，無文化可言，離開工作，也生不出文化的成績。」

以上各家學說，見仁見智，各不相同，但共同的論點是說「文化離不開生活，有了生活才有文化的創造」，這是可以成立的一個論點。現再就　國父與總統　蔣公的見解分述於後：

國父說：「文化實在是一個複雜體，包括一切有形的實物，如衣服宮室等；也包括無形的事物，如知識、信仰、藝術、法律、風俗、道德等等，以及其餘從社會上所學得底種種做事的能力與習慣。」又說：「總括宇宙現象，要不外物質與精神二者。精神雖爲物質之對，然實相輔爲用……。」可見文化的範圍，涵蓋了精神文明和物質文明，文明並不是對文化的全部，而精神和物質又同爲人類生存，國民生計，群衆生命所必需，因而一民族的文化乃是該民族悠久的生活所累積而成。同時　國父這種心物合一的宇宙觀，將精神、物質視爲是一而二，二而一，截然不可分的整體，更可明見　國父對於文化的觀點非常精確。

總統　蔣公說：「離開了自然法則與社會法則（即物理與倫理），不獨人的生活爲不可能，亦且失去人之所以爲人的特質（人性）。此依照自然與社會的法則的生活方式，稱爲文化。」這個解釋不僅完全說明了一般西方學者所稱文化就是生活方式的意義，而且更爲週到、正確。總統　蔣公又以理論和事實加以闡明：「一般動物不能體認此種法則，換言之，不能體認宇宙間本然之理，以改進其生活，只有人能夠體認宇宙間本然之理，故求生的活動便構成了文化的活動，而有不斷的進步。一切發明與創造，都是宇宙間本然之理的實現。中國人崇拜古代帝王和聖賢，沒有一個不是能夠體認宇宙間之理而有發明與創造，以改進人民的生活的人。五千年來，創造網罟耒耜的伏羲、神農，發明文字與弧矢的倉頡、黃帝，中國人都是一樣的崇拜他們。要知道這些制作，都是爲了改進人民生活，使其一步一步達到理想的境界，所以他們受後人的崇拜，如果離開了人民的食衣住行，來談文化，以爲生活之外還有文化，或竟以一知半解的寫作來談文化，未免輕蔑了文化。在中國的經濟學說上，文化與民生是一體而不可分的。民生之外無文化，文化之外無民生。」從此可以體認，文化包括科學，同時不能與民生分離。由此我們對於文化與文明的不同，可以歸納如下：

文明是一個民族應付他的環境的總成績，比較偏重於「個別」的意義；而文化是一種文明所形成的生活方式，是人類的智慧駕馭生活所表現的總成績，側重於「累積」的意義。

二、中華文化的特質

中華文化，博大精深，源遠流長，自堯、舜、禹、湯、文武、周公、孔子聖聖相傳之道統，迄　國父再集中外古今之大成。總統　蔣公繼承國父志業，數十年來無不以光大中華文化爲己任，其內容浩如煙海。茲將其特質說明如下：

㈠人文主義的文化：

堯帝命羲和治曆，叫做「敬授民時」，就尊重人了。及武王伐紂，便在誓詞上說：「惟天地萬物父母，惟人萬物之靈。」武王把人底價值看得很高。孔子則集堯以來之大成，論語載：季路問「事鬼神」子曰：「未能事人焉能事鬼？」「敢問死」，子曰：「未知生焉知死？」可見孔子看重人而不談鬼神，看重現世人生而不談死後問題。孟子引孔子說：「仲尼曰：『始作俑者，其無後乎！』爲其象人而用之也。」孔孟承認人的尊嚴是很明確很顯著的。孔子以後，在歷史上佔有重要地位的儒家，莫不讚美人生，敦篤人倫，而以致力人事，服務人群爲職志，都是人文主義的。不僅儒家如此，其他學派亦大都如此。

㈡理性主義的文化：

人有理性，尊重人就要尊重理性。中國舊日秩序之維持，不假強制而靠自力（理性），講：「修己以安人」之法，講「內聖外王」之學，中國數千年的社會，「彷彿將以理性相安代替武力統治」的局面。中國士人讀書，其意義即在「明理」，故有「讀書明理」之語。周孔教化，其要旨即在「啓發理性」，所謂「修道之謂教」。有了「明理」的士人，有了理性的教化，一般人民就自然有了安身立命的根基和克己復禮的力量；國家社會秩序之維持，自然無須假借外力的宗教或法律了。

㈢道德主義的文化：

中國人做事講理，講是非，也就是講道德。道德在中國記載最明顯的始自堯舜。堯爲人「允恭克讓」，舜爲人「溫恭允塞」。以後的禹、湯、文武、周公莫不修德行仁，以德爲治。孔子繼之，強調道德，實行溫、良、恭、儉、讓，主張忠信禮義，而歸結於仁，以至乎聖。孔子還主張德治，把道德用於政治，並以之代替法律。尊重孔子的董仲舒謂「正其誼不謀其利，明其道不計其功」可以說是絕對的道德論。宋明諸儒均承認這見解。中國的志士仁人把道德看得比生命還更爲重要，所以中國文化又是一種道德主義的文化。

㈣民本主義的文化：

一般學者爲了達到人文主義、理性主義、道德主義的目的，乃倡導民本主義以防止貴族和君主的流弊。民本主義是以民爲本的思想。在使政治合於理性和道德，俾君主下之人民和國家內之人民，得保持其人的地位。大禹說：「德惟善政，政在養民」，所以他提出「正德、利用、厚生」的主張，其意思是：「民可近，不可下；民爲邦本，本固邦寧」。商湯伐暴救民而有天下，是中國歷史上民本主義的標誌，所以盤庚說：「古我前後，罔不惟民之承」。這種民本主義，到了孟子而發揮盡致，他說：「得天下有道，得其民斯得天下矣」。所以「民爲貴，社稷次之，君爲輕」。歷代君主，實行民本主義以得民心，遵循孟子之言以得天下的很多，如歷史上有名的文景之治，貞觀之治，都是勤政愛民之主，能以民本主義思想實現於政教之中，爲中國歷史寫下光榮之一頁。

以上四點，爲中國文化底重要部分，實足以表現中國文化獨特的性質。瞭解了這些以後，再論及中華文化的基礎，纔可以更爲清晰。

三、復興中華文化的意義

中華民國五十五年七月廿八日在陽明山中山樓舉行中華文化復興運動推行委員會的發起人會議，通過了中華文化復興運動推行綱要。是年十一月十二日總統　蔣公發表一篇「　國父一百零一歲誕辰中山樓文化堂落成紀念文」，說明三民主義是中華文化復興的基礎，其時孫科、王雲五、孔德成諸先生請明定　國父誕辰爲中華文化復興節，經　總統明令公布之後，於是全國乃至全世界的僑胞，熱烈掀起中華文化復興運動，與中共的「文化大革命」破壞中華文化的暴行，作一顯明對照的文化戰。從這綱要的第一部份「基本精神」中，可以看出文化復興運動的特點有二：一是創造與建設，二是達成戰鬥任務。當時教育部長閻振興先生解釋說：前者的目的在「使國民生活合理化、現代化，同時包括整個國家的長期建設，它的使命不僅在恢復固有道德智能，以爲已往的延續，且將融合世界文化，兼取衆長，而爲未來的開拓。」後者的目的「在充分發揚我國成仁取義的傳統美德，陶冶民族人格，使能蔚成時代精神，以利反攻復國大業的進行。」

是項綱要第二部份推行要項中，第六項也明定「積極推行新生活運動，使國民生活在固有文化四維八德的薰陶下，走向現代化與合理化。」

由上述可知文化復興並不是空喊口號，也不是盲目的復古，它一方面是要國民生活在固有優美文化的薰陶下走向現代化與合理化，一方面是充分發揚成仁取義的傳統美德，陶冶「民族人格」，這是人人可以行，而且是二十世紀現代國家的國民所必行的事。

「合理化」是順乎常情常理，凡事做起來心安理得，不妨害他人與社會；「現代化」的意思則是本位兼世界化，它的終極目標是倫理、民主科學；「民族人格」則是忠於社會國家的愛國心理與頂天立地的民族特性。

就生活的合理化與現代化來說，好像穿衣服，它的主要目的在保暖。當然也應該注意美觀，穿著美觀最基本的要素是整齊清潔，而不是爭奇鬥艷的奇裝異服。披頭和名士派的不修邊幅固然也不是「合理化」，盛裝華服，過度奢麗，被人當「玩物」似的觀賞也可不必。平常走路，開車不闖紅燈，上車排隊守秩序，讓位給老弱婦孺；守時重諾，謙恭容忍，急公好義，這些都是現代民主國家國民的應有風度，這也就是一種「現代化」的精神。

蔣總統在「整理文化遺產與改進民族習性」一文中，對我們民族的不良習性，有詳盡的闡述。指出我們最大的惡習，乃是從農業社會的病態之中產生出來的，歸納起來有下列十種：

一、**是輕忽時間**：什麼事，早一點，遲一點都無所謂，事事遲鈍散漫，延宕耽誤。

二、**是不重數字**：有關數與量的事務，都不精確計算，凡事「差不多」就算了，遇事隨便，模糊，不確實。

三、**是不知奮勉向上**：遇事抱殘守缺，聽天由命，到處暮氣沉沉，缺乏生氣蓬勃的景象。

四、**是消極頹唐**：對人生世事漠不關心，一切都不感興趣，既無工作熱忱，也無遠大抱負。

五、**是不分本末，沒有重點**：作事總是囫圇呑棗，或有頭無尾，一切都落空。

六、**是消耗浪費**：農業社會中本應樸實節儉，可是婚喪喜慶中，仍然是大量的浪費；尤其是像臺灣的拜拜，其消耗浪費更甚。

七、**是反科學**：凡事含糊籠統，模稜兩可，捕風捉影，空疏浮泛，作事似是而非，莫明其謬。

八、**是反組織**：只顧個人權利，不顧共同利益，一切行動，既沒有公群的觀念，更沒有民主的德性。

九、是反紀律：一切行爲，總是以個人爲本位，只知違法徇情，損人利己，甚至假公濟私，無所不爲。

十、是因循苟且，推諉塞責：只知道畏難卻顧，投機取巧，而不肯任勞任怨，解決問題。

這些病態孕育了種種不良的習性，如果我們不從速覺悟振作，痛切悔改，而讓他繼續保持下去，那我們將無法適存於現代的世界，更無法廁列於現代文明國家之林。因此，　蔣總統針對以上這些惡習提出對症的針砭是：一、要重視時間；二、要重視數字；三、要競賽向上；四、要徹底務實；五、要有本末先後；六、要有重點中心；七、要有創造發明；八、要戒除浪費；九、要負責服務；十、要根據科學；十一、要注意組織；十二、要重視紀律。總括來說，在我們的生活方面，凡是農業社會所形成的病態惡習，都要痛切根除，而代以工業社會的科學習性。　蔣總統的目的不僅在使中國國民生活現代化，更要想把整個中國社會現代化。這是當前最重要的事情。國家社會的改造和民族的復興，當然應該以提高國民道德爲基礎。倘若國民的生活習尚不改善，社會的風氣不變好，則無論道德規範如何好都是空的，不論提倡什麼進德修身的道理，都不會收到很大的效果。

四、現代化國民生活的基本要求

要使國民生活現代化，首先應該瞭解做一個現代化的國民在生活上有那些基本要求，如何才能實現。

一、達到生活標準

總統　蔣公在「新生活運動綱要」訓詞中說：「國民生活如何始得高尚？曰生活藝術化；國民生活如何始得豐富？曰生活生產化；國民生活如何始得鞏固？曰生活軍事化。」此三項實即現代化國民所應達到的生活標準，茲略述如下：

㈠生活藝術化：生活本來就是多彩多姿的，人生在世最有意義的生活就是藝術化的生活。吟一首詩可以發抒感懷，唱一個歌可使胸襟舒暢，做一場運動可使精神振奮。生活的情趣必須靠自己去創造，有了藝術的生活，則可使你樂觀進取，奮發上進。

㈡生活生產化：國家的富裕，必須要靠國民去努力生產；人無一個閒，地無一寸荒，國家的經濟自然發展繁榮。每一個國民必須體念物力維艱，知奢侈不遜的非禮，不勞而獲之可恥，個個刻苦耐勞，自食其力，以從事勞動生產工作。

㈢生活軍事化：「生活就是戰鬥」。我們處在這個變亂的時代，如不養成軍事化的生活習慣和生活智能，則不足以擔負起戰鬥的任務，肩負起保國保民的責任。

二、發揮科學精神

蔣總統說：「現在是一個科學的群衆時代。我們生活在這科學的時代裏，不能不具備科學的精神。」又說：「所謂科學精神，就是新、速、實、簡四者。」因此我們在工作上，必須做到以下的要求：

㈠在方法上求「新」：時代是不斷進步的，保持現狀，就會落伍。做任何事情必須不斷研究發展，銳意創新，以新的精神，新的做法，新的行動，創立新的事功。

㈡在時間上求「速」：時間就是金錢。把握分秒必爭，注重時效的原則，既不拖延推諉，亦不草率行事，今天事今天畢，決不延遲到明天。

㈢在成效上求「實」：實，爲人治事的主要條件。每一個人如果都能做到「誠實」、「踏實」、「結實」的要求，則可獲致最高的工作效果。

㈣在手續上求「簡」：精簡法令規章，簡化作業程序。

民族文化復興與國家現代化建設

一、緒　言

「文化」一詞，簡言之就是文治教化。這一個名詞，在我國最早見的古籍，爲易賁卦象「觀乎人文以化成天下」。孔穎達易正義中謂：「觀乎人文，以化成天下，言聖人觀察人文，即詩書禮樂之謂，法此教而法成天下也」。程伊川易傳曰：「人文，人倫之倫序，觀乎人文以教化天下，天下成其禮俗」。清人彭申甫，在其所編之易經傳義解注辨正稱：「大而言之，則國家之禮樂制度，小而言之，則一身之車服，一家之宮室」，此與西方學者稱文化爲生活方式，不謀而合。近世龍冠海教授所著社會學中對「文化」的解釋：「文化是人類生活的總體，包括人所創造的一切物質的非物質的東西……，換言之，文化係社會中普遍存在的人爲現象。它是人類求生存，以生物的和地理的因素爲根據，在團體生活和心理互動的過程中，創造出來的人爲環境和生活道理及方式。」由是可知，大凡人類社會由野蠻而進爲文明，在不斷的生存競爭的過程中，其努力所得之成就，表現於各方面者爲科學、宗教、道德、法律、風俗習慣等，其綜合體，則謂之文化。

二、中華文化的特質

美國社會學家克羅孔（Clyde Kluckhohn）說：「文化是歷史的知識和生活經驗的累積，是一個民族生活、語言、風俗習慣等等諸因素的綜合表現」。每個地區有每個地區的文化，每個民族有每個民族的文化。各地區的各民族都有各自不同的生活經驗，自然有不同的文化特徵。民族文化代表一個民族的特性，民族精神和其風俗習慣。中華文化充分表現了中華民族的特性和氣質。我中華傳統文化是建立倫理、民主、科學三大基礎之上。先總統 蔣公曾指出：「盡己之性是倫理、道德，盡人之性是民主、自由，盡物之性是科學與建設」。「倫理」、「民主」、「科學」三者是三民主義的基本內涵。

「倫理」是我國固有文化的精髓，也是人類發生共榮最輝煌的智慧之結晶。論語學而篇有云：「孝弟也有，其為人之本歟」。大學之首章亦有所謂：「古之欲明明德於天下者，先治其國；欲治其國者，先齊其家；欲齊其家者，先修其身；欲修其身者，先正其心；欲正其心者，先誠其意；欲誠其意者，先致其知；致知在格物」。這一套由內向外逐步推衍的「格、致、誠、正、修、齊、治、平」的道理，正說明了禮運大同篇所代表的三民主義世紀的大同世界中，中國人的人生觀——「故人不獨親其親，子其子，且使老有所終，壯有所用，幼有所長，鰥寡孤獨廢疾者皆有所養」。

「民主」是現代國家一切進步的基本制度，我國固有的「民爲貴」，以及「天視自我民視，天聽自我民聽」，「民爲邦本，本固邦寧」等民本思想，乃是民主制度的根本。就廣義言之，民主不僅是一種政府的形式或政治的體制，民主也是一種生活方式。我們如果養成尊重民權，恪守法制的基本觀念和生活習慣，並使它蔚爲風氣。則「國人相視，皆伯叔兄弟，諸姊妹，一律平等，無貴賤之差，貧富之別，休戚與共，患難相救，同心同德，以衛國保種自任」。也自然能夠臻至「於內則選賢與能，講信修睦；於外則繼絕舉廢，治亂持危」的境界，而達到「大道之行也，天下爲公」的理想。

「科學」是現代社會進步的原動力量，中國現代科學落後，是造成一切落後的主要原因。我們必須恪遵　國父遺教所昭示「迎頭趕上」的科學原則，從事五大建設，使「人能盡其才，地能盡其利，物能盡其用，貨能暢其流」。達到「均無貧，和無寡，安無傾」，「貨惡其棄於地也，不必藏於己；力惡其不出於身也，不必爲己」，以及「衣食萬物而不爲主」的地步。同時，思想觀念，行爲方式都合乎科學的原則，做到「博學、審問、愼思、明辨、篤行」，及知止而後有定，定而後能靜，靜而後能安，安而後慮，慮而後能得。物有本末，事有終始，知所先後，則近通矣」的工夫。（參閱洪麗莎撰：青年對中華文化應有的認識。）

國父擷取我中華文化之精華，創立三民主義，以繼承我中華民族之道統爲己任，使我五千年民族文化歷久而彌新。他主張在民族方面，「有道德始有國家，有道德始成世界」；民權方面，「第一決定者爲民主」；民生方面，「凡事皆要憑科學道理，才可以解決，才可以達到圓滿目的」。故其建國之道，以「倫理爲誠正修齊之本」，以「民主爲福國淑世之則」，以「科學爲正德、利用、厚生之實」。故倫理、民主、科學三者爲三民主義的本質，亦就是中華民族傳統文化的基石。

三、我們對民族文化復興應有的認識

中華文化，乃以堯、舜、禹、湯、文、武、周公、孔子、孟子一脈相傳的思想爲正統。這種思想，是以仁義道德爲基礎，也就是韓愈所說的：「博愛之謂仁，行而宜之之謂義，足手已無待於外之謂德。」可惜這一脈相傳的大道，自堯舜而歷傳至孔孟，孟子死了以後則無人再傳下去。直到國父誕生，乃有三民主義之發明，而道統文化，又一次集其大成。先總統蔣公，於民國五十五年中山樓中華文化堂落成紀念文中，曾昭示：「我中華文化垂二千五百餘年，至孔子集其大成，而此一自堯、舜、禹、湯、文、武、周公、孔子，聖聖相傳的文化道統，屢爲邪說誣民者所毀傷，至今赤禍滔天，民族不幸，竟遭此空前絕後之浩劫，而我五千年來，傳統優秀的文化，幾乎瀕於熄滅而中絕。幸我 國父誕生，乃有三民主義之發明，而道統文化，又一次集其充實而有光輝之謂大，大而化之之謂聖的大成。此不惟使我中華民族於長夜漫漫中，啓明復旦！亦使人類履道坦坦，共躋於三民主義之時代也！」誠然，由國父這一思想的產生，而使二十世紀進爲三民主義世紀，復使中華文化趨向於光輝燦爛之途。

我中華文化是歷經錘鍊，逐漸累積而成，能夠「放之四海而皆準，百世以俟而不惑」。我們從史籍中可以了解到我們民族的過去，在遠古時代我們的歷史是輝煌的，但在近代，都不幸竟是一個令人傷感的時代」。自十九世紀中葉的鴉片以後，一百多年來幾乎連續不斷的內外戰爭，並出現一片悽慘景象。自此以後，中國便在列強單獨的或聯合的侵略中，掙扎求存，直到今天，我們仍然枕戈海外，背負歷史的重擔。近代中國的不幸命運，表面上是由於我們歷史的重擔。近代中國的不幸命運，表面上是由於我們歷代對外戰爭的失敗而招致的，但是，深刻的根本的原因，還是由於文化的落後。當初，我們是不自承認文化是落後的，等到受了實際的教訓以後，我們默認了這個事實，同時也就著手施行改革，但這時仍是以對等地位與西方文化相迎拒的，如清末之洋務運動與變法維新等等便是。到了後來，由於西洋文化的全面衝擊，使我們變得盲目崇洋和媚外了，一九〇〇年的義和團事件，即是這種思想轉變的分界線。民國初年的「五四運動」，在介紹西洋文化方向，雖然有倡導風氣的大貢獻，但是，在破壞傳統文化方面，卻犯了「全面否定」的嚴重錯誤，這個運動使國人產生了一種錯誤的觀念，以爲凡是舊的傳統的東西都是不好的，誰要再提這些，誰就是落伍的保守份子。

另一方面，由於西方奪取中國市場實行經濟侵略的結果，上海崛起爲中國最繁榮的現代都市，這個華洋雜處的地區，同時又是傳揚西洋文化的據點，當年上海那些做販賣文化的「買辦階級」，竟喊出「月亮是外國的圓」的口號。這種思想，隨著西方勢力在中國深入發展，除了那些買辦者以外，有些留過學的，與西洋人有宗教或商務關係的，都是傳播這種思想的義務宣傳員。這些人甚至要將自己的自尊心完全摧毀，承認自己萬事不如人，因而自慚形穢地去崇拜西方，學習西方。事實上，由於近百年來西方在文化、科學、武功以及經濟上所顯示的空前雄壯的姿態，使近代中國智識份子產生敬畏之心，強者則思取法，弱者便想臣服歸化了。不幸在知識份子中，弱者為數不少，而知識份子又是社會中堅，於是流風所及，一片崇洋之聲，不可一時，因是馬克斯共產主義思想乘虛而入，毛澤東秉承共產國際的指示顛覆政府。於民國三十八年佔據大陸後，迅即實行一連串倒行逆施，首以「土地改革」作幌子，繼則實施「三大改造」，「三面紅旗」，以及「人民公社」等暴政。復異想天開，不惜孤注一擲，驅策千千萬萬幼稚無知的「紅衛兵」，進行所謂「文化大革命」，企圖以最原始、最野蠻的殘暴手段，毀滅我數千年固有傳統文化，弄得整個大陸烏煙瘴氣，雞犬不寧，這種瘋狂暴行，是每一位身為黃帝子孫，身受傳統文化薰陶的同胞所絕對不能容忍的。因而我全國上下，於 國父一百零一歲的誕辰紀念日那天開始，如火如荼的掀起文化復興運動。旨在恢復光榮的，優美的文化傳統，和創新偉大的、獨立的、有為有守的現代，把中華文化從衰落中復興，從顛撲中重振起來。（參閱曾祥鐸撰：從歷史角度和青年朋友談文化復興）

文化復興的主要目的，不僅在恢復固有的優良傳統，而且要創造最新文化。「復興」並不是「復苦」，也不是盲目的守舊，而是有選擇性的從事「溫故知新」，「革故鼎新」的工作。在觀念上必須以固有文化爲基礎，然後日新又新，隨著時代邁進。因此我們談文化復興，首先對中國的優良傳統就須有深刻的認識，什麼是中國的優良文化呢？

第一、中國文化的本體是「仁」。章太炎先生說：「中國文化是溝通人與人的文化。西洋文化是溝通人與物的文化。印度文化是溝通人與神的文化。」所謂人與人的文化，便是說明中國文化的本體是「仁」。關於「仁」的道理，在四書中，處處可見。「仁」就是二人相合而成。也就是說：「一個人要爭取自己的生存，也要同時爭取他人的生存，這就是共生共存的道理。所謂「己欲立而立人，己欲達而達人」，這種「推己及人」的精神，正代表「親親而仁民，仁民而愛物」的德性，早爲古聖先賢教誨之要目。足證中國五千年來立國的倫常關係建立在「五達道」，亦即「父子有親，君臣有義，夫婦有別，長幼有序，朋友有信。」這種由親而疏，由小而大，由近而遠的關係，最後趨於「四海之內皆兄弟也」的共存共榮的世界。

第二、中國文化的動力是「誠」。我們發揮仁心，必須要見諸行動，勢必藉「誠」爲力量的泉源。中庸上有云：「惟天下至誠，能爲盡其性，能盡其性，則能盡人之性，能盡人之性，則盡能物之性，能盡物之性，則可以贊天地之化育，可以贊天地之化育，則可以與天地參矣。」亦即「誠則形，形則著，著則明，明則動，動則變，變則化」。由誠而形而著而明謂之文明；由明而動而變謂之文化。無論一個生命，一個組織，一個物體之形成，必須有一個中心動能之所在，所以說「誠之終始，不誠無物。」由是可知「誠」是我國文化發展的大動力，亦爲個人修身之根本。

第三、中國文化的重心是「中」。「中」是中國五千年來文化的重心。也是我國五千年來文化衡量的準則。大學上所說的「所惡於上，毋以使下；所惡於下，毋以事上；所惡於前，毋以先後；所惡於後，毋以從前；所惡於右，毋以交於左；所惡於左，毋以交於右；此之謂絜矩之道。」所以「中」字可以說就是這個「絜矩」之道。程子解釋中庸二字說：「不偏之謂中，不易之所庸；中者天下之正道，庸者天下之定理。」當堯帝傳位於虞舜的時候說：「允執厥中」。而舜禪位於禹時則說：「人心惟危，道心惟微，惟精惟一，允執厥中」。可見「中」的道理，是我國古代聖賢相傳的心法。我們這個國家所以名之爲中國，亦即說明我們具有泱泱大風，具有同胞愛和人類的民族愛的民族性。

因此，「仁」、「誠」、「中」三旨統攝起來，「於己曰誠，於人曰仁，於事曰中，便是我國文化的精蘊。」國父手著「三民主義」，乃是繼承中國五千年文化道統而將他發揚光大，所以說　國父的三民主義思想，就是中國文化思想的中心。其內涵實在是博大精深，蓋世無與倫比。（參閱洪麗莎撰：青年對中華文化應有的認識）

四、民族文化復興與國家現代化建設相容並行

從歷史驗證，一個優秀的民族，必有優良的文化，若無優良的文化，亦難有優秀的民族。是民族與文化，乃互爲因果，其關係至爲密切。中華民族文化，在世界五大統一而愛好和平的民族。文化是民族造成的，亦即文化是王道的產物。我中華文化之所以有五千年光輝燦爛的歷史，綿延不絕，就是有歷代聖聖相傳的道統賴以維繫。惟自西風東漸以後，部份國人受了西方物質文明的影響，震於歐美的船堅砲利，屢遭侵略侮辱，因而拋棄了固有文化道德。尤其在中共佔據大陸之後，倒行逆施，發動「無產階級文化大革命」，使我中華文化遭到前所未有的摧殘，先總統　蔣公有鑒於此，乃昭示國人全力保衛中華文化，倡導中華文化的復興。吾人應深切了解，復興中華文化，並不是消極單純的「復古」，而是有積極「創新」的意義，不僅要「恢復固有已失的潛力」，而且要「創造與時俱進的活力。」因此復興民族文化，不是墨守成規，執一不化，乃是要日新又新，精益求精，繼往開來。

由是可知，民族文化復興與國家現代化建設其意義並不相悖，且有相輔相成之效。有些人對「現代化」之闡釋不著邊際，其實，所謂「現代化」，就是一種理性化、合理化的運動。要使人類的生活，包括政治、經濟、社會、文化與精神各方面都趨於合理化的運動。進一步說，現代化的意義，就是一個民族在適應周遭環境中，不斷的追求合乎自己理想與理性的生

活。

有些人認爲現代化和文化復興，絕不相容。這是一種錯誤觀念。因爲現代化和傳統的關係，好比樹木和土壤，不紮根在土壤裏的樹木，是無法發芽滋長、開花結果的。所以「文化復興」和「現代化」，至非彼此對立的名詞，而是相輔相成的觀念。現代化牽涉社會革新與變遷，而社會的發明與革新，必須以固有文化爲基礎。一個國家的文化基礎愈厚實，則其發明與革新愈多。所謂發明與革新，乃是根據原有文化，提出新觀念及新事物。因此，文化復興能夠促進國家的現代化。

再進而言之，文化復興的主要工作，並非侷限於文化的傳遞與保存。而同時是要把優良文化發揚光大，把不合於時代和環境的文化，予以改革矯正，使它適應現代社會需要。這樣就牽涉到文化變遷，而與現代化交融配合。由此可知，文化復興與現代化，密切相關，絕不衝突。

在國家建設積極走向現代化的過程中，一方面我們要努力趕上世界潮流，另一方面更應該表現我國的文化特色，因爲唯有發揚傳統優良文化，才能使現代生活的內容更合理、更豐富。（參閱李衡撰：現代化與文化復興）

五、結語

先總統　蔣公曾經指出：「三民主義的本質爲倫理、民主、與科學」。同時又昭示我們：「中華文化復興運動，實際上就是三民主義的實踐運動。因此，我們要遵循　蔣公這一指示，把握三民主義的本質——倫理、民主、科學的要求，力行實踐，以加速三民主義的實現。一方面要把中國固有的優良傳統及善良風俗予以恢復，使之發揚光大；一方面要適應時代的需要，擷取西洋文化的優點，同心協力，共同建設現代化的三民主義新中國，我們是身受中華傳統文化薰陶的黃帝子孫，必須人人以推行文化復興爲己任，肩負起「爲往聖繼絕學，爲萬世開太平」的重責大任。

全民國防之我見

國防就是國家民族自衛的能力，也是國家求生存的保障。一個國家要保衛國家的安全，要保衛國民的生存，必須要有堅強的國防。否則國家不能存在，民族失去保障，而個人的一切亦將無所依託。所以國防爲國家生存之所繫，無國防即無國家。先總統 蔣公在國防研究要旨遺訓中說：「沒有國防就沒有國家可言，而且沒有國民生存的安全可言；沒有國防建設，就沒有國家建設，而國家建設，實爲國利民富的建設。」由這一段遺訓，可知國家建設是要以國防建設爲基礎的。因此人人要居安思危，處處爲國防著眼，事事爲戰爭作準備，始能保障國民的幸福，確保國家的安全和民族的生存。

國防的內容包涵一國的政治、經濟、心理、軍事、教育、文化的全部，也就是總體國防。先總統 蔣公曾說：「國防思想不是單純軍事性的，通常所謂國防，意指保衛其國家、領土、人民、主權，所採取的一種戰爭準備之謂。更簡單的說：「國防就是戰爭。」又說：國防之手段在戰爭，現在戰爭之手段爲總體戰爭，因此，吾人可以了解到，戰爭之目的固必須是和平，但研究國防之重心，仍須落在戰爭上，爲發揮綜合戰力，達成戰爭勝利，就是國防之最高目的。」世界上不論國家大小，都沒有不重視國防，而從事戰爭之準備的，否則，國家安全，人民幸福，甚至民族生存，即將失去保障。美國首任總統華盛頓曾說：「時刻爲國防而準備，是維護和平最有效的手段。」足見沒有國防即沒有和平，更沒有國家安全可言。

我國憲法明文規定：「中華民國之國防，以保障國家安全，維護世界和平爲目的」。對內來說，在求中華民族之獨立自由，對外來說，是謀全世界各國家一律自由，簡言之，是保障民族的生存和全世界人類的幸福。所以國防之涵義，是指保衛其國家領土主權。國防建設，則在保障全國國民的生存。

關於國防的涵義及其重要性已如前述，因此，每一個國民都不能置身度外，人人應以參與國防建設爲己任。我們處在台、澎、金、馬四個海島上，四面環海，人人應具有危機意識，時時提高警覺，防制敵人進犯。我們與中共隔海對峙，五十多年來，而能順利推動政治、經濟、文教、社會等各項建設，成爲開發中國家的典範，贏得大陸及海外同胞的向心，其主要因素之一，即是我們建立起堅實的國防軍事力量。兩岸開放以後，中共仍謀我日亟，聲言決不排除對台使用武力，不斷的更新武器裝備，加緊備戰，並在福建沿海地區部署了相當數量的飛彈，瞄準台灣重要國防設施，隨時都有對台發動攻擊的可能。我們處在如此惡劣環境之下，人人應自動自發，支持國防，以具體的行動參與國防建設。

以下是我對全民國防的看法與作法：

一、加強學校教育與媒體宣導：學校教育為落實「全民國防」的原動力，也是改造社會的主導力量。各級學校的校長，老師可利用上課及各種集會機會，強調「全民國防」之理念及其重要性，激發學生愛國心與榮譽感。各種傳播媒體如電視、收音機利用廣告時間插播有關國防政策、國家安全標語，提醒國人要有「居安思危」的憂患意識。

二、建立「國防安全人人有關、國防建設人人有責」的觀念：古語說：「國家興亡，匹夫有責」。社會大衆應體認國防是國家的生命線。沒有堅強的國防，其他一切建設都將失去保障，無所依憑。就以二十年前的越南、高棉為例，它的淪亡，雖有多種原因，但基本上是全國上下缺乏國防意識與國防作為，甚至外侮不能抗，內患不能平，人民的生命財產得不到保障，國家的獨立自由受到威脅，越棉的悲劇，令人值得警惕。因此，國防安全不僅是三軍將士的責任，也是每一個國民的責任。全國國民不分男女老幼，大家應精誠團結，共同合作，為建立強大的國防力量而貢獻心力。

三、踴躍投入國防建設行列：強大的國防，在於優秀的人才、嚴格的訓練、綿密的組織，和新銳的武器與裝備；而最基本的是人力資源的充分發揮與運用。政府當前的國防政策是發展國防科技，更新武器裝備，以強化國防武力，確保國家安全。尤其在國防科技的研究發展方面，需要大量專門人才的投入，主管部門正在培養與羅致國內外優秀科技人才，並鼓勵民間業者參與，同時致力於高級專業技術的引進，以期達到一種技術，多種用途的目標。凡係愛國志士，應把握機會，踴躍投入，實現技術報國的理想。

四、慷慨捐輸、充裕國防資源：國家建立完善的國防體系，需要耗費大量的經費，除了政府的經費預算支應外，尚需強大的民生經濟作爲基礎。戰爭一旦發生，所需的財力、物力非常龐大，專靠政府的力量有限，尚賴全國國民慷慨捐獻，全力支援作戰，當能發揮很大效果。民國三十四年對日抗戰末期，大後方的民衆，出錢出力，踴躍捐獻糧食、物資、運送給前方將士運用，對鼓舞軍中士氣，增強戰力，發生了巨大的效用。

國防力量的完備是國家安全最重要的保障。吾人深知要建設國家，就先要建設國家力量，國家力量，不僅限於武力，而是政治、經濟、心理、軍事力量的總合。先總統　蔣公曾說：「現代戰爭的本質，是以武力爲中心的思想總體戰，戰爭的勝利，取決於總體力量的發揮」。國防既爲保障國家安全與民族生存，而國防建設應涵蓋一切的國家建設，既不是純武力的軍事建設，亦不是純政治的社會建設，而是全面的、整體的、全國統合戰力的建設。因此，必須全民支持國防，參與國防，凝聚軍民生命共同體，始可達到國家建設的總目標。

發揚抗戰精神、落實全民國防建設

一、日軍侵華與八年抗戰

㈠日本發動戰爭的起因

日本自明治維新以後，國勢日臻強盛，藉口資源貧乏，人口膨脹，時謀向外擴張，而以我國為其侵略目標，進行一連串的侵略行動。甲午之戰，清廷戰敗，迫訂馬關條約，強行割讓台灣、澎湖等地。第一次世界大戰爆發，日本乘列強無力東顧之際，誘迫袁世凱簽訂二十一條無理要求，加速其侵略行動。民國二十年夏，煽動韓人仇華，製造「萬寶山慘案」，並提出「中村失蹤」事件，導致「九一八」事變，強佔東三省，成立偽「滿洲國」，是為中國八年抗戰的肇因。

民國二十一年一月二十八日，日軍製造所謂「日僧被毆事件，向我政府尋釁，致發動「一二八」淞滬戰爭。民國二十六年七月七日夜，日軍故意在盧溝橋附近，進行非法演習，藉以搜查失蹤士兵，蓄意製造事端，襲擊我國平城，我守軍部隊，以守土有責，奮起抗戰，遂演成「盧溝橋事變」，開啓了八年抗戰的序幕。

㈡八年抗戰、獲致光榮勝利

此次戰爭，爲關係國家民族生死存亡的決戰，在先總統　蔣公卓越領導下，從艱苦中贏得勝利，創造了血淚交凝的光榮歷史，此期間歷經大小戰役四萬多次，有三百二十餘萬國軍官兵爲保衛國土而犧牲了，二百零六位國軍將領爲國捐軀，五百七十八萬七千多位同胞被日軍殘殺，消耗軍費法幣一萬四千六百四十三億元，公私財產損失，估計達三百六十餘億元之鉅，其他因戰禍而造成的妻離子散，顛沛流離之劫難，以及國民精神之損失，無法以數字計算，其戰禍之慘，死事之烈，非文字所能表達於萬一。由於我中華兒女拋頭顱、灑熱血、前仆後繼，發揮視死如歸之愛國精神，犧牲奮鬥，終於擊敗日寇，挽救了國家民族之命運。（參閱何應欽上將著：「日軍侵華八年抗戰史」）

今年九月九日，適值抗戰勝利六十週年紀念，面對共產勢力之侵略日益擴張，我全國軍民同胞，應淬勵奮發，團結一致，效法抗戰精神，加速完成國家建設與國防建設的建國大業。

㈢國防建設及其重要性

國防就是國家民族自衛的能力，也是國家求生存的保障，一個國家要保衛國家的安全，要保衛國民的生存，必須要有堅強的國防。否則國家不能存在，民族失去保障，而個人的一切亦將無法依託，所以國防爲國家生存之所繫，無國防即無國家。先總統　蔣公在國防研究要旨遺訓中說：「沒有國防就沒有國家可言，而且沒有國民生存的安全可言；沒有國防建設，就沒有國家建設，而國家建設，實爲國利民富的建設。」由這一段遺訓，可知國家建設是要以國防建設爲基礎的，因此人人要居安思危，處處爲國防著眼，事事爲戰爭作準備，始能保障國民的幸福，確保國家的安全和民族的生存。

先總統曾說：「國防思想不是單純軍事性的，通常所謂國防，意指保衛其國家、領土、人民、土權，所採取的一種戰爭準備之謂。更簡單的說：『國防就是戰爭。』」又說：「國防之手段在戰爭，現在戰爭之手段爲總體戰爭，因此，吾人可以了解到，戰爭之目的固必須是和平，但研究國防之重心，仍須落在戰爭上，爲發揮綜合戰力，達成戰爭勝利，就是國防之最高目的。」世界上不論國家大小，都沒有不重視國防，而從事戰爭之準備的。否則，國家安全，人民幸福，甚至民族生存，即將失去保障。美國首任總統華盛頓曾說：「時刻爲國防而準備，是維護和平最有效的手段。」足見沒有國防即沒有和平，更沒有國家安全可言。

我國憲法明文規定：「中華民國之國防，以保障國家安全，維護世界和平爲目的。」對內來說，在求中華民族之獨立自由，對外來說，是謀求世界各國家一律自由，簡言之，是保障民族的生存和全世界人類的幸福。所以國防之涵義，是指保衛其國家領土主權。國防建設，則在保障全國國民的生存。

關於國防的涵義及其重要性已如前述，因此，每一個國民都不能置身度外，人人應以參與國防建設爲己任，我們處在台、澎、金、馬四個海島上，四面環海，人人應具有危急意識，時時提高警覺，防制敵人進犯，我們與中共隔海對峙，五十多年來，而能推動政治、經濟、文教、社會等各項建設，成爲開發中國家的典範，贏得大陸及海外同胞的向力，其主要因素之一，即是我們建立起堅實的國防軍事力量。兩岸開放以後，中共仍謀我日亟，聲言絕不排除對台使用武力，不斷的更新武器裝備，加緊備戰，並在福建沿海及江西弋陽、贛州等地區，部署了相當數量的飛彈，瞄準台灣重要國防設施，隨時都有對台發動攻擊的可能。我們處在如此惡劣的環境之下，人人應自動自發，支持國防，以具體的行動參與國防建設。

二、落實全民國防建設的作法

㈠**加強學校教育與媒體宣導**：學校教育爲落實「全民國防」的原動力，也是改造社會的主導力量。各級學校的校長、老師，可利用上課及各種集會機會，強調「全民國防」之理念及其重要性，激發學生愛國心與榮譽感。各種傳播媒體如電視、收音機，利用廣告時間播播有關國防政策，國家安全標語，提醒國人要有「居安思危」的憂患意識。

㈡**建立「國防安全人人有關，國防建設人人有責」的觀念**：古語說：「國家興亡，匹夫有責」。社會大眾應體認國防是國家的生命線，沒有堅強的國防，其他一切建設都將失去保障，無所依憑。就以二十年前的越南、高棉爲例，它的淪亡，雖有多種原因，但基本上是全國上下缺乏國防意識與國防作爲，導致外侮不能抗，內患不能平，人民的生命財產得不到保障，國家的獨立自由受到威脅，越棉的悲劇，令人値得警惕。因此，國防安全不僅是三軍將士的責任，也是每一個國民的責任。全國國民不分男女老幼，大家應精誠團結，共同合作，爲建立強大的國防力量而貢獻心力。

㈢**全民踴躍投入國防建設行列**：強大的國防：在於優秀的人才、嚴格的訓練、綿密的組織：和新銳的武器與裝備；而最基本的是人力資源的充分發揮與運用。政府當前的國防政策是發展國防科技，更新武器裝備，以強化國防武力，確保國家安全。尤在國防科技的研究發展方面，需要大量的專門人才的投入，主管部門正在培養與羅致國內優秀科技人才，並鼓勵民間業者參與，同時致力於高級專業技術的引進，以期達到一種技術，多種用途的目標。凡係愛國志士，應把握機會，踴躍投入，實現技術報國的理想。

㈣**慷慨捐輸、充裕國防資源**：國家建立完善的國防體系，需要耗資大量的經費，除了政府預算支應外，尚需強大的民生經濟作爲基礎，戰爭一旦發生，所需的財力、物力非常龐大，專靠政府的力量有限，尚賴全國國民慷慨捐獻，全力支援作戰，當能發揮最大效果。民國三十四年對日抗戰末期，大後方的民衆，出錢有力，踴躍捐獻糧食、物資、運送給前方將士運用，對鼓舞軍中士氣、增強戰力，發生了巨大的作用。

國防力量的完備是國家安全最重要的保障。吾人深知要建設國家，就先要建設國家力量，

國家力量，不僅限於武力，而是政治、經濟、心理、軍事力量的總合。先總統蔣公曾說：「現代戰爭的本質，是以武力為中心的思想總體戰，戰爭的勝利，取決於總體力量的發揮」。國防既為保障國家安全與民族生存，而國防建設應涵蓋一切的國家建設，既不是純武力的軍事建設，亦不是純政治的社會建設，而是全面的、整體的、全國統合戰力的建設。因此，必須全民支持國防、參與國防，凝聚軍民生命共同體，始可達到國家建設的總目標。

兩岸關係的檢視與前瞻

海峽兩岸隔絕了四十多年，隨著時代推移與環境變遷，政府於民國七十六年十一月二日明令解凍了。這段期間海岸兩岸的親人骨肉，天各一方，居住在台灣的大陸同胞，離愁別苦的心情與日俱增，眼見大陸探親的開放，內心的欣喜，無言可喻。這一措施實施到現在，已二十個年頭了，根據有關方面的統計，這廿多年以來，先後由此間赴大陸探親旅遊的人數，超過二千一百萬人次，赴大陸探親旅遊和投資所付出的錢達五百多億元，這項政策實施至今，有幾項值得肯定的效果，亦有不盡理想的地方。茲將個人管見抒陳於後。

一、政策立意深獲肯定

第一、開放探親政策，顯示強烈的人道精神和倫理色彩，使社會大衆對政策的人文形象，有了良好的改變，對於日漸形成的政治開放作風，也發生了正面的助長作用。如海峽兩岸基金會和海峽兩岸交流協會的先後成立，開始面對未來討論兩岸一般性、事務性、功能性、經濟性的有關問題，使台海兩岸關係，由久久不相往來的隔絕狀態，進入和諧互動的階段。

第二，此一政策之實施，重新塑造了中華民國的形象，不但使政府贏得了國內外人士的讚譽，更讓他們了解我政府處理兩岸關係的方法，比以前變得更生動，更靈活，更具彈性。

第三、兩岸關係四十多年來始終處於敵對的狀態，自從政府准許民眾赴大陸探親以後，漸漸降低了海峽兩岸的敵意。也顯示了中華民國願以和平方式解決中國統一問題的誠意，儘管中共始終不放棄以武力解決中國統一的手段，政府仍然繼續堅定不移的實施這項政策，期以民族大義去影響中共，達到和平統一的目標。

第四，政府這項明智措施，不僅僅顧及人道及倫理問題，更讓海峽兩岸的同胞，因爲接觸的關係，認清楚了民主與專制下兩種生活方式的比較，同時也讓民主自由的反共思想紮根於無形，影響並促進大陸民主自由運動的推展，並而增強他們對國家前途的自信心。

第五，隨著探親政策的開放，兩岸在文化、藝術、經貿、體育等方面的交流相繼展開。近年來，兩岸傑出學者和科技人員的互訪，台商紛紛赴大陸投資，學校球隊聯誼賽的舉行，大陸劇團及影藝人員來台表演，以及台灣電視劇在大陸電視台播出等等。這些作法，深獲兩岸人民的正面肯定。

二、兩岸關係需再加強

以上是關於大陸探親後所獲得的初步效應，無可諱言的，由於兩岸經歷六十多年的隔絕，無論在政治觀點，社會制度，生活方式，生活水準等各方面，均有相當大的差異，彼此的思想觀念也有顯著的不同。現從下列幾方面可知其梗概：

一、兩岸之間，本屬對等關係，但中共始終把中華民國在臺灣視為一個地區，開放以後，雖經多次海基會、海協會雙方對談，如：海基、海峽兩會董事長──辜汪會談、副董事長兼秘書長三次協談，和副秘書長的六次討論，由於中共意識型態未能改變，在許多問題上仍存歧見，未能獲得共識，以致效果不彰，影響兩岸關係之快速推展。

二、中共在大陸長期鼓吹「階級鬥爭」，造成人民患上「眼紅症」，常有臺灣同胞赴大陸探親旅遊，被不良份子謀財害命，殺害臺胞的情事時有所聞。現舉兩個事例，可窺見一般，一個是赴江西大庾縣探親的老兵，搭乘計程車到旅館住宿，被司機殺害。另一件是前幾年所發生的震驚中外的千島湖事件，二十多條人命，白白地斷送在大陸暴徒之手，因此，赴大陸探親旅遊的同胞，其生命財物未能獲得保障，令人擔憂。

三、大陸同胞由於物質生活長期貧困，個人所得普遍偏低，對自台灣返鄉探親的親屬，寄予很大的希望，有時親人因帶去的禮物，禮金，難免分配不均，引起意想不到的紛擾，甚至傷害彼此之間的感情。

四、近年來，臺商赴大陸投資的人數日益增多，由於大陸地區未建立良好完整的勞工及管理制度，加以地方治安不佳，時有廠商遭致暴徒搶劫及殺害情事發生。

三、同心同德開創新猷

語云：「天下事分久必合，合久必分。」海峽兩岸隔絕四十多年，由於時勢所趨，人心之歸向，實有統一之必要，國家要邁向統一，先要開展兩岸關係，而兩岸關係又須建立在彼此互信、互尊的基礎上。談到兩岸關係，大致而言可分爲三個階段。第一階段自民國三十八年至六十七年，這整整二十九年時間，稱之爲軍事對抗期。此期間中共要以武力解放臺灣、血洗臺灣，這個階段兩岸隔絕來往，互不相容。第二階段自民國六十八年至七十六年十一月，此時期爲和平對峙時期，中共無法以武力解放臺灣，改採和平統戰策略，提出和平統一的口號，對我們進行和平統戰，仍不放棄對臺灣使用武力，海峽兩岸呈現出較爲和平、安定的情形。第三階段自民國七十六年十一月二日，政府基於人道考量，開放臺灣地區民衆赴大陸探親，十年多以來，兩岸民間的來往，一天一天增多，一天一天頻繁、擴大，僅係民間來往，已增進了兩岸之間的相互了解，這時期，中共仍未放棄對臺使用武力，仍時時找到他維持武力恫嚇的藉口，兩岸之間雖然保持和緩，但仍有潛在敵意存在。此時期稱之爲民間交流階段。觀察以上三個階段的過程，我們知道兩岸關係在不斷向前推進，向上發展，這是令人鼓舞的。

兩岸分隔五十多年，由於各種制度及生活方式的差異，在這種制度差異與生活水準極端懸殊之下，要從彼此的了解、融合，到統一，需要一段時間的努力。我政府爲使這項重大工程使國人有所依據，特別訂定了「國家統一綱領」，將國家統一的進程分為近程、中程、遠程三個階段來推展，期以透過兩岸人民更多的來往，更多的接觸，更多的交流來增進彼此的了解，以互惠的措施來化解過去的敵意，此時期純為民間交流，也就是交流互惠階段。中程階段則為互助合作階段，遠程階段是協商統一階段，在此恕不多加贅述。現在正在進行的是近程階段，此一階段在增進、擴大兩岸民間交流，憑藉兩岸更綿密、更深入的交流來穩定兩岸關係，來開創兩岸關係的新境界。民間交流可採下列幾種方法同時並進。即文化交流、經貿文化、體育交流、社會交流等，以這四種交流來發展兩岸關係，期能達到國家統一綱領的近程目標。所謂「交流」，就是彼此互相流通往來，透過交流，增進彼此更多的了解，建立互信互敬的心理，奠定堅實的基礎，究竟如何去進行這四種交流呢？

一、**文化交流**：「從文化上提高生活品質」。大陸在中共長期統治之下，人民過著低品質的生活，更無家庭幸福可言。加強文化交流，旨在增進兩岸人民對彼此生活方式的了解，並比較兩岸生活狀況，以為將來選擇生活方式的參考。具體的作法如下：

(一)開放兩岸青年學生交流，參與學術研究、文藝活動，以建立新觀念。

(二)開放兩岸大衆傳播人員採訪新聞，製作節目，交換新資訊。

(三)兩岸傑出學人交換任教，互相觀摩，增進新知識。

(四)兩岸藝術團體，交互往來演出，傳播文化藝術，開拓新境界。

文化交流是增進彼此情誼，改變思想觀念，促進彼此了解最直接有效的途徑。

二、經貿交流：「從經貿上達到互補互利」。中共目前的政策是採「以商圍政，以民逼官」，希望在經濟上多和我們建立密切關係，大量吸收臺資，把臺灣的企業、產業、製造業都移往大陸，使臺灣的產業變成空洞化，屆時，中共採取強烈的手段，牽制我們的經濟，逼使我們在政治上讓步，我們對經貿交流應維持互補互利，而非一廂情願的作法，以多國企業經營的型式到大陸投資，把研究發展的根基留在臺灣，運用大陸上最低廉的人力、資源，生產工業成品，銷行海內外，發展對外貿易。

三、體育交流：「從運動上增進彼此情誼」。近年來，中共在體育運動上投下了大量的人力、財力，培養出各種出類拔萃的體育人才，以使大陸選手在亞運，奧運各種運動比賽中獨占鰲頭，所獲得的金牌，不計其數，我們可以邀請這些優異人士到臺灣來表演，當教練，也可以派人到大陸去觀摩學習。

四、社會交流：「從民間交往上融合親族感情」。人是感情的動物，俗語說：「人不親土親」，一個離開大陸六十多年的遊子，誰不思念他的親人，誰不懷念土生土長的故鄉。雖然開放大陸探親已有二十多年了，但是還有很多人受到職務上或工作上的限制，迄未去過大陸，難免令人感到悵憾。我誠懇建議：除了政府已開放一般民眾赴大陸探親，和大陸同胞來臺探病及奔喪者外，對於大陸地區配偶來臺居留或定居的名額，基於人道考量，應大幅增加，免得已在大陸結婚的妻兒子女，天各一方，望海興嘆，令人悵惘。

自從政府開放民衆赴大陸探親以來，兩岸關係正在逐漸加強之中，祇要中共改變意識型態，彼此建立共識，以平等互惠的態度來談問題，以設身處地的立場來解決問題，展望未來，一個以和平、理性統一的中國，將指日實現。

如何養成勤勞節儉的習慣

「勤勞節儉」是人們應當具有的美德。大概一個民族的勃興，一個國家的建立，一個軍隊的強大，乃至於家庭個人的成功，都是由克勤克儉做起。天下沒有不勤不儉而能成功的事業；也沒有不勞而倖得的收穫。幾千年來世界文明的累積，就是人類勤勞所結的果實。

勤勞的反面是怠惰，節儉的反面是奢侈。 總統在建軍建國的根本精神訓詞中說：「凡百弊病，皆從懶生；一切敗德惡行，都從奢侈起頭。我們要戒除百病，要修養品德，就要拿勤字來醫懶惰，拿儉字來醫奢侈。勤勞者必不驕傲；節儉者必不淫佚。『勤則雖柔必強，雖愚必明』『儉則寡欲，儉則聲色貨利嗜慾皆淡』。這就是我們要修養身心，改良個人的生活習慣，風動社會的唯一必由的道路！」從 總統這一段訓示中，我們體認勤勞節儉，對於人的一生事業成敗的影響很大。

怠惰是一種慢性的自殺，它對於人心的損害很大，好像蠶食，好像腐蝕，好像金屬品的生銹。而勤勞便是人生的去腐劑，擦光油。亞力山大在征服波斯之後，看到波斯人的生活習慣，感慨地說：「這就是不知道勤勞與逸樂孰為貴賤的例子啊！」一個人如果以勞動當做很重的負擔，把操作看做是刑罰，那無異於削掉他的手足，自己捐棄他創造生涯的工具。勤勞與節儉是相輔而行的，惟有勤儉才能節用；惟有節用才能保持廉潔的操守。春秋魯大夫御孫慶曾說：「節儉，是一切德行的共同根源；奢侈，是罪惡當中最大的罪惡。」自古以來德行好的人，都是從節儉樸實中養成的。一個人生活節儉樸實，貪婪就少，貪婪少的人，就不會被物質所引誘，也能夠節省用度。社會上一般貪污腐化敗家喪身的人，大多數都是因爲用錢揮霍，生活糜爛，最後走上窮途末路。因此要改良社會風氣，要修養個人的品德，最主要的途徑，就是養成勤勞與節儉的習慣。如何才能養成呢？依我個人的看法，至少應該做到下列幾點：

一、樹立正確觀念

古語說：「勤能致富，儉可恆豐。」又說：「勤能補拙，儉可養廉。」一個人惟有勤勞才能使家庭經濟充裕；惟有節儉，才能避免犯罪。近幾年以來，我國社會上彌漫著一種奢侈、淫靡、散漫、頹唐的風氣。一般人更發生錯誤的觀念，認爲吃的不闊綽，不夠排場；衣服不夠華麗，趕上上潮流；由是奢靡之風漸漸囂熾起來。所以不論家庭、學校、機關、社團，應當加強生活教育和品德教育；灌輸子弟、學生、部屬正確的觀念，使他們領悟節儉和奢侈的利弊，培養儉樸的美德。

二、養成優良習慣

一個人生活習慣和道德有密切的關係，而生活習慣的養成必須從幼年開始。小時候養成了勤勞節儉的習慣，長大以後，必定能夠吃苦耐勞，擔當國家的重任。我們偉大的　領袖蔣總統，就是一個例子，他在「中國青年之責任」中說：「我少年時候，家裏也還可算是小康之家，但是我每天照例要洗衣、掃地、煮飯，和做其他種種家庭勞務。我母親也督責我每天要這樣做，因爲這是我們作人最基本最緊要的道理，必須從小在家庭裏養成。養成這種勞動服務的精神和習慣，長大的時候，才可以做一個健全的國民。」　總統因在少年時候就養成了勤勞的習慣，所以他繼承　國父革命遺志，先後完成東征、北伐、抗戰、剿匪的艱鉅任務。現在繼續領導我們從事復國建國工作，數十年以來，以救國救民爲職志，從未一日間斷。不但這樣，他還把平日的生活費用節省下來，移作國軍官兵購買藥品和救濟貧民之用。這種偉大精神，值得我們敬仰和效法的。

三、厲行有恆務實

我們中國幾千年來因爲農業社會的陋習相沿成風，產生了社會上種種不良的病態。譬如輕忽時間，做甚麼事，早一點，遲一點也無所謂。不重數字，凡是有關數與量的事物，不精確計算，總是「差不多」就算了。不知道奮勉向上，遇事抱殘守缺，聽天由命，沒有一點生氣蓬勃的景象。在精神上消極頹唐，對人生世事漠不關心，一切都不感興趣，無論爲人做事都沒有熱忱。在工作態度上，因循苟且，推諉塞責，只曉得畏難卻顧，投機取巧，而不肯任勞任怨，解決問題。做爲一個現代青年，如果不覺悟振作，痛切悔改，而讓它繼續保持下去，那將無法適存於世界。因此爲了國家的復興，爲了個人的終身幸福，應該把以前農業社會形成的惡習，痛切根除，代之以重視時間，努力向上，有始有終，徹底務實，負起時代所賦予的責任。

四、戒除奢侈浪費

我國國民在思想上原來具有勤勞儉樸之風，和吃苦耐勞的美德。在生活上講求簡樸，衣食只求溫飽，住宿只求棲身。節儉樸實是社會傳統的德性。自從門戶開放實施以後，歐美洋化之風慢慢地蔓延我國，使國民生活方式逐漸改變。吃西餐，穿時裝，住洋房，一味地想高級享受。近年以來，由於國家經濟發展迅速，國民所得增加，社會一天一天繁榮起來。更由於國民生活水準的提高，社會風氣的演變乃日趨於奢侈浪費。家庭生活的用度，個人公餘的消遣，商場生意的邀約，公務人員的應酬，到處呈現一片奢靡的頹風。如不善於適應，就是落伍，跟不上時代。這種不良風氣，亟應徹底改進。每一個人要了解此時是戰時，此地是戰地，貫徹蔣院長革新十大要求，蔚成守法節約的風尙。

一個人需要勞動，人生的眞正幸福，在做有益的勞動，如果你自己對所從事的工作已經下了心力，還未見功的話，那就是勤勞的程度還不夠。天下決沒有不勞而倖得的收穫，也沒有徒勞而不獲的耕耘。勤勞所獲得的果實，必須珍重，必須愛惜。

總統在新生活運動的綱要中說：「勤以開源，儉以節流，知奢侈不遜之非禮，不勞而獲之可恥。」又在剿匪成敗與國家存亡一書中說：「一個人只要不想偷懶，不怕吃苦，眞能勤勞的話，甚麼事都很容易做成，甚麼事都可因爲我們的精神貫注，而能夠做得周密確實。」當此國家民族存亡絕續之際，物力維艱的緊要關頭，我們要從日常生活中，養成勤勞節儉的習慣，戒絕懶惰逸樂的弊病，祛除奢侈浪費的陋習，克服困難，努大奮鬥，加速完成反攻復國的使命。

如何養成節約儲蓄的優良習性

「節約儲蓄」，是我們中國人傳統的美德，也是我國幾千年以來安國治家的箴言。人類的慾望無窮，如要填滿無窮盡的慾海，須動用無窮盡的錢財，而錢財有時會用盡，慾望則是無止境的。司馬光說：「由儉入奢易，由奢入儉難。」節約的人，時有餘福；浪費的人，常會遺禍。孔子亦說過：「人無遠慮，必有近憂。」這兩句話即在說明儲蓄乃在節省目前的消費，以備將來不時之需。宋人倪思曾說：「儉者君之德，儉可以成家，可以立身，可以傳之子孫。」這不僅消極的說明了儉以養廉的好處，更積極的引伸出「集腋成裘」的道理，亦即養成「節約儲蓄」的習慣，而後方能發揮「立身」、「成家」、「傳之子孫」的效用。在朱子治家格言中，有所謂「一粥一飯，當思來處不易；半絲半縷，恒念物力維艱。」更使我們體認到吃飯、穿衣，是民生兩大基本需要，得來不易，應善加珍惜，不可糟踏浪費，節約儲蓄，應以此爲起點。

時下臺灣同胞處在工商業社會中，由於經濟發展迅速，國民所得增加，生活水準普遍提高，常見「朱門酒肉臭」的現象，穿著重闊綽，飲食講排場，一個比一個吃得好，一家比一家住得舒適，社會上呈現奢侈浮華的風氣。吾人處此資源缺乏的臺灣島上，勿因一時的經濟改善而沖昏了頭，有錢花的時候要想到沒有錢花的痛苦，更不可寅吃卯糧，以免遭遇急難時，束手無策。我們如何培養節約儲蓄的優良習性呢？我想必須從下列幾方面去做：

一、確立正確的觀念

金錢和物質是人類生活上的寶物，必須以血汗去換取，得來很不容易。這並不像海水取之不盡，用之無窮。因此，要量入為出，儘量撙節開支，以便多所儲存，可供臨時之需。將錢財存入銀行，可積少成多，既可改善家庭生活，又可用來購置家產或創辦事業。

二、革除不必要的浪費

節約應從小處著手，從個人的生活起居做起。在日常生活中養成隨手關燈，隨手關水龍頭……等一些好習慣，長久下來為國家省下不少能源，為自己也節省不少開支，於公於私均有助益。節約儲蓄是連續性的行為，貴在持之有恆，日日如此，月月如此，時間久了累積可觀的效果。

三、養成節約儲蓄的美德

節約就是對金錢財物的使用，當用則用，當省則省，做到最恰當最合理的地步，既不吝嗇，也絕不浪費，有人說「錢是萬能的」。它既可成事，也可以敗事，應使每一文錢用得恰當，用得有效。

四、祇求穩當，不貪暴利

將平日的積蓄，存入金融機構或投入資本市場，獲得正常的利息（潤），切忌投入地下投資公司，貪圖暴利，遭受意外風險，最後可能把辛苦多年積蓄的老本都給泡湯了。

總之，節約儲蓄是富國治家之要務，國人應在衣食溫飽之餘，勿忘先人節儉的美德，戒奢靡、尚節約，蔚成全面的儲蓄風氣，匯集成鉅大的金融力量，期以堅實的經濟基礎進而完成國家建設的總目標。

儉以養廉

中國有兩句古話：「勤能補拙，儉可養廉」。簡單的說，就是一個人如能勤勞有恆，即可以彌補才能的不足，節儉簡約可以養成廉潔的風尚。這是教人治事做人的南針。一個人平時養成了節儉的習慣，對於修身養性有很大的幫助，因爲凡是有勤儉習慣的人，必定能成大功，立大業。我們中國能被世界上稱爲禮儀之邦的國家，受這兩句話的影響很大。中國數千年來廉能政治與儉樸風尚的養成，這兩句話的鼓勵和啓示的作用委實不小。直到現在，大家都公認爲這是人們立身處世的晨鐘，順著這個道理去做的都可成功，違背這個道理去做一定失敗。經過了長久時間的考驗，無數事實的驗證，這兩句話確實是至理名言。

「儉樸」是人們應有的美德，一個人是否清廉，就看他在衣、食、住、行等生活享受上是否做到儉樸。凡是能節儉的人，必定富有廉恥的感想，由於知恥，必能有所不爲；有所不爲也就不會做出違法犯紀，和不仁不義的事情。相反的，一個不知節儉的人，平日對於財物的支出，漫無限制，一旦匱乏，就會想到些不正當的主意。古語說：「由儉入奢易，由奢入儉難。」一個揮霍無度，腐化成性的人，始則東扯西拉，多方借貸，繼則貪贓枉法，無所不爲。走到最後圖窮匕見，小則身敗名裂，大則貽害國家民族，成爲一個永遠不能翻身的罪人，這都是由於不知節儉而釀成的後果。例如不久以前轟動臺灣的盜豆案，官商勾結，同流合污，其中有立監委員、國大代表、政府要員、公司行商，統統吃上了官司，關進了牢獄，這都是不深切體認中國的古訓「儉以養廉」的精義，平時生活揮霍，不自知檢點，企圖藉非法的手段，中飽個人的私囊，滿足個人的物質慾望，不考慮後果，更不顧慮到滿足自己，就是損害別人。衡量利害得失，這樣的作爲，是不是合算呢？這不僅喪失了自己的人格，更傷害了國家的名譽，緬懷先聖先賢能不汗顏掉淚呢？

「儉以養廉」，是中國亙古以來的名言，凡是中國國民，每一個人都應該深切檢討反省，是否都做到了。我們在大陸上就是因爲一部份人貪污腐化，恬不知恥，致被中共趕我們到臺灣這個孤島上來。現在正是生聚教訓，急望反攻復國的時候，可是內部有沒有腐化的現象存在？還有沒有貪污的情事發生？應該來一個自清運動，先從上起，互相檢討糾正，以樹立廉能的政風，養成儉樸的風尚，群策群力，共赴國難，能如此，庶可以完成中興復國的使命。

義利辨

人世間只有兩個字主宰了一切，那就是「義」與「利」。什麼叫做「義呢」？古人解釋：「義者，宜也。」就是合乎義理的意思。什麼叫做「利」呢？通俗來說，有公利與私利，而私利是「義」的反面，也就是只顧個人私欲的滿足，不顧旁人利益的一種作爲。一個人對於這兩個字的作用，能夠辨別清楚，那他就能成功立業，否則，那他就要身敗名裂，無法立足於社會了。

關於「義」與「利」的道理，我國古時的先聖先賢講得很多。孔子說：「君子喻於義，小人喻於利。」又說：「放於利而行，多怨。」這就是說，凡是君子都通曉得義理，小人只曉得利益，一個人作事情，如果依照利來行，必然招來很多人的怨恨。民族英雄岳飛、文天祥不願屈膝變節，最後以身殉國，大義磅礴，萬世不朽。其他如抗戰剿匪時候的名將張自忠，楊幹才、黃百韜等都因爲與敵人作戰，堅持到最後彈盡糧絕，而自己感覺愧對國家，愧對領袖，以身殉職，像這些人簡直可以配乎道義，也可以說仁至義盡了。反過來看像汪精衛、程潛、李宗仁及其他恬不知恥的人，爲了個人的利益，不惜賣身投降，最後都走上了自掘墳墓的道路，這些只見一利，不見生死的人，將遺臭萬年，爲中國千千萬萬的後代子孫所唾罵。這就是崇尚「義」與「利」兩種人的寫照和他們的結果。

孟子對「義」與「利」兩個字也有剴切的說明，他說：「爲人臣者，懷利以事其君，爲人子者懷利以事其父，爲人弟者懷利以事其兄，是君臣父子兄弟，終去仁義懷利以相接。然而不亡者，未之有也！」又說：「爲人臣者懷仁義以事其君，爲人子者懷仁義以事其父，爲人弟者懷仁義以事其兄，是君臣父子兄弟，去利懷仁義以相接也。然而不亡者，未之有也！」當他去見梁惠王的時候，很直接了當的對惠王說：「王，何必曰利，亦有仁義而已矣！」他並且特別強調，如果上上下下大家都去爭取利，那國家危險極了。因此，他勸惠王先講道義不要先講私利。他以上這些話，對我們現時的政風來講，眞可發人深省。

我們目前在臺灣，處處顯出一種貪利的風氣，利欲觀念沖昏了人們的頭腦，無論辦什麼事，動輒就是要錢，有的人除了明中取以外，還要暗中貪，凡是犧牲一點權利的事，總是託辭推說，甚至有些人能以取利爲榮，不以貪非分之財爲恥，這種不良的風氣，實應迅速改進。像這樣的人更不知有沒有良知血性，對於我們的先聖先賢，和那些慷慨就義，獻身爲國的民族英雄，會不會感覺慚愧呢！

人生

一個人生在世界上，只短短幾十年。在這有限的時光中，每一個人對於人生都有他獨特的見解，和處世的態度。他表現積極的，即積極的人生觀，他表現消極的，即消極的人生觀。也有一生優游自在，毫無憂慮的樂觀主義的人生觀，還有一生悲憤憂怨的厭世的悲觀主義的人生觀。因爲每一個人對於人生所持的見解及所抱的態度不同，所以每個人奮鬥的歷程和發展也就有別了。一個成大功立大業的人，他一生必定抱著樂觀進取的態度奮鬥不懈，對於個人的生死榮辱置之度外。相反的，一個苟且偷安混日子的人，只顧現實生活的滿足，不考慮將來的成敗，更不願爲社會人群多做點有益的事情，俗語說：「今朝有酒今朝醉，明日無錢明日憂。」就是抱這種人生觀者的態度和想法。

我們從歷史上深切體認到，一個人所抱人生觀的正確與不正確，決定了他個人一生事業的成敗，也表現了他個人的志節。陶淵明不爲五斗米折腰，脫出仕宦之途，追求田園生活的樂趣，曾明白地表示：「富貴非吾願，帝鄉不可期」。「聊乘化以歸盡，樂夫天命復奚疑。」老莊的思想有所謂「聖人不死，大盜不止」，「天地不仁，以萬物爲芻狗，」主張「去健羨，絀聰明，」使人類重返上古時代的純眞。屈原一生懷才不遇，憤世疾俗的情景，在他的作品中，俯拾即是，曾發出「舉世皆濁我獨清，衆人皆醉我獨醒，」與「吁嗟默默兮，誰知吾之廉貞」的感歎。蘇東坡在他的前赤壁賦中，表現了他對人生的看法。

一個人生在世界上，對於人群的負債太重了，因此對於社會，對於人類，應該竭盡一己之力有所貢獻。這就是孫中山先生所講的服務的人生觀。人類的生命是短促的，渺小的，如果生在世界上毫無貢獻，死了又無好的事跡流傳於後世，就好像蜉蝣、螻蟻一樣，生長得毫無意義。所以　總統說：「以吾人數十年必死之生命，立國家億萬年不死之根基。」並解釋生命與生活的要旨說：「生活之目的，在增進人類全體之生活；生命之意義，在創造宇宙繼起之生命」。這就是說一個人既然生而為人，就應該轟轟烈烈的為國家為社會做一番有益的事業，人類的生命雖然是渺小而短促的，但是它卻能發出無窮盡的光輝，散佈出無數的火種。美國詩人朗佛洛說：「生命是眞實的，生命是誠摯的，墳墓並不是他的終點。」這幾句話用在他們身上，是完全適合的。

國父所主張的服務人生觀，是一種革命的人生觀，不是講利己，而是講利群，是在打破現狀，而不是維持現狀，是進步的，而不是保守的，為了一個崇高的鵠的，他可以不斷的奮鬥，在遇到不能克服的阻礙時，不惜犧牲一己的生命，這種革命精神，是不屈不撓的，實是「三軍可奪帥也，匹夫不可奪志也。」這種革命的人生觀，也是　總統蔣公所講的「行」的人生觀。總統說：「宇宙只有一個行字可以創造一切」，這種「行」必須有起點，有順序，有目的的，也更以「知」做基礎，以「行」爲手段，不但要在「行」中求得新「知」，更要以這「知」來推動「行」，在「行」的當中，即是遭受了挫敗或犧牲，而這種精神的表現卻是成功的，因爲他已經爲後來開闢了一條坦途，指示了一個方向，叫後來者踏著他的足跡或按照他的指示，來完成偉大的使命，結果也是成功的，我覺得「行」的人生觀是正確的，也是最有意義的，他不斷的在「行」中生長，在「行」中充實了自己，在「行」中完成了人生的偉大使命與理想。

我認爲人生在世，是給與，是受苦，是創造。歷史上成功立業造福人群的英雄，沒有一個不是從苦難中奮鬥而獲得成功的。托爾斯泰曾說：「生活並不是享樂，而是很辛苦的工作。」朗佛洛也說：「在廣大的世界戰鬥中，在人生的宿營裏，不要像那啞啞無言，被人驅使的牛羊，而要做一個奮鬥中的英雄。」眞的，如果一個人和禽獸一樣，自生自滅，無聲無色的平淡消磨一生，這實在是人生的落伍者。

雖說毅力能戰勝環境，然而環境有時亦能戰勝毅力，人類的進化，就是毅力與環境搏鬥的結果，人類如果沒有毅力，就要做環境的俘虜，宇宙如果沒有環境的壓力，人類不會用毅力去創造文明，毅力被環境所阻礙而遭受的失敗，只不過是成功的歷程中所必有的現象，沒有失敗，那能獲得成功，所以說人類進化的歷史，就是一篇人與宇宙的奮鬥史，宇宙的壓力愈大，而人類的力量也無窮。世界上任何一件事物，有光明的一面，也有黑暗的一面，有它的優點，也有它的缺點，人類創造文明，發展科學，就是在不斷的彌補一切缺點，使黑暗面縮小，使光明面擴大，這是我們力行實踐求進步的最大目標，我們不能因一時的挫折阻礙，而作為懶惰不進的託詞，否則，世界文明是永遠停滯在原始時代，也無所謂進步可言了。

談嗜好

一個人自脫離母胎呱呱落地，以至於生長成人，他必定有他的嗜好，有的人的嗜好是先天賦有的，有的人的嗜好，是受了環境的影響，慢慢學習得來的。古人說：「食色性也」，這就是說吃飯和女色是人們天生所喜好的，這種先天稟賦的嗜好，似不因環境的影響而有所改變，所謂「飢思食，飽思淫」，就是這個道理。至於後天受環境影響所學來的嗜好，則因人而異，彼此不完全相同了。有的人喜好抽煙、飲酒，有的人嗜嫖、好賭，有的人喜好讀書吟詩，有的人嗜好喝茶奕棋，總之，一個人的嗜好，是隨著他的個性和環境來決定的。古語說：「近朱者赤，近墨者黑。」這就說明一個人的嗜好的養成，環境也是因素之一，經常和讀書的人生活在一起，慢慢會養成讀書的習性，經常和打牌的人生活在一起，慢慢會染上賭博的嗜好，這是我們在社會人群中可以看到的一般現象。

「嗜好」，有好的嗜好，也有壞的嗜好，一個人一生事業的成功與失敗，和他個人的嗜好有很大的關係。世界著名的科學家愛迪生，愛好科學研究，發明了電燈，開拓人類光明的坦途。瓦特整日埋頭實驗室中，沉溺於科學試驗，終於發明了蒸氣機，爲後人發展交通事業奠下了基礎。我國的先聖孔子和孟子，一生致力於哲學及文學的研究，創造「仁愛」的哲理，建立中華文化的道統思想。 國父孫中山先生，嗜好研究政治道理，畢生盡瘁革命，以救國救民爲唯一職志，廢寢忘食，四十年如一日，終於創造了三民主義，推翻滿清，建立民國。相反的，我國歷史上有些嗜好於興風作浪，屈膝求榮的人，如李自成、吳三桂、汪精衛等之流，專門不走正道，終於陷入了自取滅亡的深淵。目前在大陸上的毛澤東，嗜好殘殺人民，初則實行三反五反，無辜陷害人民，繼則推行「人民公社」，「文化大革命」，使得整個大陸民不聊生，雞犬不寧，走上了自毀的道路。另外還有的人嗜好狂嫖濫賭，不務正業，斷送了個人的前途與幸福，這些都是很顯明的事實。

由是我們知道一個人嗜好的正當與否，小則貽害個人，大則貽害國家，實在不可不慎重的。

自立自強之道

自從我們退出聯合國，以及日本首相田中角榮與中共勾搭，這一連串事發生之後，使得我們在國際外交上，遭受到很大的挫折。當時有的人也許在心理上感到惶惑不安。由於　總統的英明領導，兩年以來，所有的困難都能一一克伏。目前是我們國家處境最艱難的時期，只要我們堅持自由正義的準則，不因任何拂逆挫折，任何勢劫利誘而退縮畏避，最後的勝利一定是屬於我們的。我以個人管見，提出幾點與國人共勉。

一、生活上

守法重紀，儉樸節約。認清此時是戰時，此地是戰地，一切都要合乎戰鬥要求。除了每一個人的生活行為要徹底實踐　總統手訂的「國民生活須知」外，諸如衣、食、住、行各方面都應當崇尚節約，發揮「一物當作二物用」「一錢當作十錢用」的效能，養成以新生活為中心的戰時生活習慣。

二、工作上

認眞負責，求新求行。時代是不斷地進步。保持現狀就會落伍。不論自己是軍人，是公務員，是教師……凡是分內之事，自應主動去做，並且做得徹底，絕對不敷衍塞責，虛應故事。上級交辦事項，立即執行。在方法上求新，在時效上求速，在效果上求實，在手續上求簡，以提高工作效率。

三、在精神上

堅強奮發，不憂不懼。精神力量是一切有形力量的泉源，我們革新所依靠的，主要是精神力量。目前我們雖然遭受一股國際逆流的沖擊，只要我們堅持獨立不撓的精神，一切求其在我，操之在我，黎明前黑暗的一刻，馬上就會過去的。

四、態度上

忍耐沈著，自強自信。目前我們的處境，正如在驚濤駭浪的大海中操舟前進。而光復大陸則是我們的方向盤，只要我們堅定必勝信念，緊緊地把握著這個方向盤，冷靜沈著，不動搖，不疑惑，不偏差，禁得起風吹雨打，受得住時間煎熬，鼓浪前進，終必安抵彼岸。

總之，光復攻大陸是我們的遠大目標，復國建國是我們的中心任務，面對著當前多變的國際形勢，我們不能依賴別人，更不能責怪別人。只有實踐總統的訓示，以「莊敬自強」爲根本，以「處變不驚」爲態度，以「愼謀能斷」爲方法，努力奮鬥，矢勤矢勇，去創造新形勢，開拓新局面。則國家的前途一定是光明燦爛的，革命的任務一定是勝利成功的。

遠大的抱負、果敢的行動

——效法 國父和 總統的偉大精神

一件事情的成功，不是偶然的。一個偉大的人物創立蓋世的功勳，更不是輕易的，必須要有遠大的抱負，堅定的意志，和果敢的行動。我恭讀「國父給 蔣總統的親筆信」後，深深地體認到 國父和 總統都具備了這些條件。我們知道 國父是先知先覺的偉大政治家，他高瞻遠矚，洞燭機先。在二十歲青年時代，目睹滿清政府腐敗無能，喪權辱國，釀成近百年來中國史上的悲劇，一幕一幕不斷地演出，於是他立下了救國救民的宏願。認爲要挽救國家的危亡，必須採取革命的手段，把滿清專制政體推翻，建立民主國家始有濟於事。他這眞知灼見，和遠大的抱負，使他勇敢地站在時代的前面，下了最堅強的決心。光緒十年，在中法戰爭以後，清廷失掉了越南，給 國父的刺激最大，他的革命思想更加堅定。 國父說：「自中法戰爭之年，始決定傾覆清廷，創造民國之志，由是以學堂爲鼓吹之地，借醫術爲入世之媒。」從甲午戰爭那一年十二月二十七日，在檀香山成立興中會開始，由此而同盟會、國民黨、中華革命黨、中國國民黨，這期間內憂外患交相壓迫，歷經艱難險阻，經過十次的慘烈搏鬥，終於在辛亥年武昌起義而推翻了我國數千年來的專制政體。

從　國父給　總統的函件，我們知道　國父領導革命的艱辛。諸如軍事的部署，槍彈的運輸，財源的籌集，革命同志的連絡，以及幹部訓練、外交、宣傳等等都是國父親自精心策畫。這種偉大的精神，和以不變應萬變的英明舉動，都值得我們竭誠效法。總統蔣公，天縱英明，受　國父的器重，輔佐　國父，從事革命大業。自二十一歲加入同盟會後，即服膺三民主義，成爲　國父的忠實信徒。其後在辛亥革命、討袁、護法諸役中，無不親自參與，出入於槍林彈雨之中，冒險犯難，建立殊勳。　國父深知　總統蔣公具有卓越的軍事和政治天才，以及他革命意志的堅決，忠誠謀國的熱誠，就逐步交付他革命建國的重大任務，培養他繼承革命的志業。對他信任之堅，禮遇之隆，推許之重，愛護之殷，在歷史上實屬罕見。國父逝世後，　總統毅然擔負起艱鉅的任務，突破危險。從時局的動盪，國家的變亂中，衝破重重難關，披荆斬棘，堅強前進。遭遇任何阻礙而不灰心，受到任何挫折，而不氣餒。因爲具有這樣大智、大仁、大勇的修養，所以能夠排除障礙，屢建奇功。

我中華民國建國九十七年了，回想國父暨革命先烈拋頭顱，灑熱血，創下了可歌可泣的事跡，寫下了輝煌燦爛的史篇。這部國民革命奮鬥史，前半段是由　國父領導，推翻了滿清專制政府，使中華民國光榮誕生；後半期則由　總統蔣公繼承　國父遺志，由黃埔建軍，東征，北伐，統一全國。剿匪抗日，廢除了不平等條約，而實現民主憲政。兩位巨人的豐功偉績，前後輝映。有 國父才能創立民國，有 總統才能完成革命的全功。當茲大陸沈淪，河山待復之際，我們應當效法兩位偉人的革命精神，在總統的領導之下，一心一德，團結奮鬥。實現 國父革命建國的最高理想。

把握現代、創造將來

——獻給台中高工第六期僑訓班畢業同學

時光無情的過去，轉瞬間，海外青年技術訓練班第六期的同學們，快要畢業離校了。回憶我奉命到班裏擔任輔導工作的時候，內心既興奮又惶恐：興奮的是我有這麼一個好機會替海外青年朋友們服務，惶恐的是自己的才識有限，惟恐不能達成同學們的願望。經過十八個月的寢食相處，彼此由陌生而認識，由互相了解而增進深厚的情誼。

五十七位同學來自馬來西亞、帝汶、汶萊、泰國、寮國、香港、韓國等七個地區。儘管同學們所來的地區不同，但回國求學的目標則一；那就是學習技能、充實知識、陶冶品德、鑽研做人做事的道理，以便返回僑居地，發展經濟，開創事業，服務人群，增進社會福利。從一年半時間的考驗中，看到了同學們都能本著既定的目標努力求學。剛到學校來的時候，有的同學或許感覺到生活環境不能適應，久而久之，也就習慣成爲自然了。多能自動的做到「讀書的時候，認眞的去讀書；娛樂的時候盡情的娛樂」。在這些日子裏，最使我不能忘懷的，是校慶運動會時大家同心合力的優異表現；和舉辦僑訓杯球賽的圓滿成功；還有環島參觀旅行，澎湖訪問等的順利完成，在在都足以說明同學們的辦事能力很強，有計劃，有準備，且能明大義、識大體、和衷共濟，以竟事功。雖然有這麼多值得追憶的事蹟，但不能以既有的成就為滿足。須知現在是一個驚天動地、和科學發展日新月異的時代，「保持現狀就會落伍」。同學們現在雖然畢業了，這僅是一個學習階段的結束而已，緊接著是另一個學習階段的開始。各位畢業以後，無論是升學或就業，仍然要秉持日新又新，鍥而不舍的精神，奮勉精進。效法古人虛衷樂善，不擇事而問，不擇人而問的學習態度繼續向上。學問是無止境的，惟有不斷的學習和殷勤的研究，才能得到美滿的成功。

人生的道路是崎嶇不平的，諸位將來到社會上要能處順境，亦能處逆境。事業得意的時候，要深謀遠慮，往遠處看往深處想，不能夜郎自大、目空一切。事業失意的時候，也不要妄自菲薄，灰心氣餒。國父孫中山先生說過：「人生不如意事常十之八九」，祇要諸位有決心、有毅力、有勇氣，失敗了再起來，顛躓了再振作，最後的勝利一定是屬於你的。

多少追憶多少愁，無限辛酸無限淚。這五百多個日子的消逝，給我帶來了喜悅和惆悵。可喜的是看到各位學成榮歸，即將獻身社會，各為自己的錦繡前程而努力，內心有無限的興奮。難過的是諸位猶如出嫁的女兒，心中有無限的叮嚀與祝福，不知從何說起，勾引起愴懷之感。語云：「人有悲歡離合，月有陰晴圓缺」。山與山是永不碰頭，人與人終有見面的機會。我們的形影雖然暫時分別了，然而我們這顆熾熱而誠摯的心，是永久結合在一起的。盼望諸位切實做到「忍耐」與「合群」的要求，把握著青春時光，開放出絢麗燦爛的花朵。臨別依依，百感交集，千言萬語，務期多加珍重。

革命的洪爐

在北投的右側，約去兩箭之地，葱綠的群山前面，一幢幢新式活動房屋坐落在廣闊的原野上，一座深灰色大廈的頂層嵌著「蔣總統萬歲」五個大字，顯得格外雄偉莊麗，這就是革命的烘爐——復興崗上的政治作戰學校。

走進校門，一幅幽美的畫面映入我們的眼簾，一種蓬勃的氣氛洋溢在我們的周圍，這裡有山、有水、有花、有草、有廣大的運動場，更有完美的國防體育設備，成千個革命政戰幹部在這裡接受著革命的薰陶，研究革命的理論，學習革命的方法。

這裡不像普通學校專上課堂，也不像一般軍事學校專習術科，而是學術兼修的文武合一教育，兩年來它孕育了二十七個班隊，訓練的對象儘管不同，但其精神則一，如果說，「通全」是革命幹部的特色，那麼，這座革命的熔爐，正是這一特色的具體典型，「從不同的課程，不同的科業，達成共同理想」的教育原則，便說明了它的特性。

大家的共同意志是絕對的信仰主義，無條件的服從領袖，不保留的自我犧牲，和極嚴格的執行命令，在長官的熱心領導，和教授們的循循善誘之下，向著共同的理想邁進，這裡有熱有力，有蓬勃的朝氣，官員生兵生活在一起，工作在一起，奮發自勉的研討革命的戰術，一種規律而協調的情緒，在復興崗的每個角落裡，現示著一股旺盛的生氣。

復興崗是革命青年的洪爐，是革命政工的搖籃，是敵愾同仇團結愛國青年的基地，是反共復國相約赴湯蹈火的動力，同生死，共患難，是復興崗獨特的精神。

建立連隊通信網

我擔任通訊員快滿九個月了，當我剛接到青年日報聘書的時候，內心十分的惶恐，原因是我沒有寫作經驗，也不知道通訊員做些什麼工作，兢兢業業，惟恐不能達成這項任務，有辜負上面的期望，「學習」是一切事業成功的原動力，我抱定了在工作中學習，在學習中求進步的志願，決定了我的工作原則和工作概念，

一、擔任通訊員是義務不是權利

通訊員是報社新聞的供應者，我認爲既然擔任了這項工作，就應該把本部隊有關教育訓練，實踐克難運動，軍紀競賽，軍民合作……等等好人好事，和各項重要新聞，隨時報導，不問他有無稿酬，這是我應盡的一份義務。

二、建立連隊通訊網

我是一個團政治處的政訓幹事，除了主辦官兵政治教育，政訓活動外，還兼辦了宣傳，

康樂、政戰人事業務，在時間上來說，是無法做採訪新聞的工作，爲了使本部隊的好事沒有遺漏，好人不能埋沒，開掘新聞的源泉，建立了連隊通訊網，每連選定一位愛好文藝熱心寫作的官兵擔任通訊員，把本單位有價值的新聞撰送政治處彙送報社報導，這樣確實收到了激勵士氣拋磚引玉的效果。

三、把握採訪機會

「時間」是新聞的主要因素，把握時間是通訊員的服務信條，所以每當一項運動的掀起，一件事情的發生，很迅速的報導，像本部附一之二部發起的消滅死角運動，一經醞釀成熱，收到了初期的效果時，即將事實撰送報章刊載，以擴大這一項運動，使我們的革命工作更向前推進一步。

乘長風破萬里浪

記海洋大隊活躍在前線

八月三日天氣特別炎熱，中國青年暑期戰鬥訓練海洋大隊一百九十六位男女青年，乘長風破萬里浪，征服了海洋，於上午十一時三十分到達金門，他（她）們是一群代表自由中國有熱血、有毅力的青年，除大專及中等學校學生以外，還有社會青年，如果以籍貫而論，則除蒙古、西藏以外，各省青年都有，其中還有少數是海外的華僑。八月一日的晚上，三軍艦從澎湖出發來到此地，其間雖然經過一天兩夜的海洋生活，受了將近四十小時的海風侵蝕，但是每位青年的精神是充沛的，心情是愉快的，毫無半點倦態，他（她）們在金門各界的熱烈歡迎中登陸後，旋即乘坐十輛卡車前往××營房參觀戰士生活及×部砲兵部隊操作，不管是男的女的，只要是有關部隊訓練戰鬥技能的問題，每到一處發現必問，戰士們講的必聽，確實做到了學習戰鬥的目的。繼赴太武山瞻仰　總理銅像，公祭陣亡及公亡烈士，遊覽無名英雄像、莒光樓、魯王墓、將軍泉等名勝，參觀省立醫院、金門中學的設備，並在　總統題字「毋忘在莒」石碑前爭相攝影留念，勇敢的青年們，自海洋攀登山峰，引吭高歌，陶醉於海天之間，心曠神怡，看到了戰士們的生產成果及偉大的建築工程，他（她）們異口同聲的說：「軍人是萬能，眞的了不起，這種克難生產，創造建設的精神，值得我們學習」。

防衛部爲了表示歡迎他（她）們的來臨，招待全體隊員大會餐，晚間還舉行了一個戰鬥晚會，由馳名全國的七七一部隊演出「寶島姑娘」、「秋的懷念」、「扔下毛雜種」……歌唱節目及話劇「天倫淚」，甚爲精彩。海洋大隊的同學們亦以最精彩的節目參加演唱。文武青年歡樂在一起，情緒至爲熱烈。

時間是很緊促的，四日上午八時，他（她）們分組乘車赴古寧頭前線出現時，戍守海防的戰士們熱烈的歡迎他（她）們，並引導以望遠鏡眺望大陸，青年們看到大陸近在咫尺，不勝感慨。大好的錦繡河山被俄帝侵佔，無數的善良同胞關入鐵幕遭受「朱毛」的宰割，內心冒出憤怒的火花，恨不得一腳踏上大陸把那慘無人道的賣國奸匪消滅。下午四時結束了兩天來訪問金門的日程，旋登艦離去。這將近二百位的海洋大隊青年，雖然匆匆的去，他（她）們對於戰鬥認識是深刻的，學習的情緒是熱烈的，愛國的心情是崇高的，正如他（她）們向本島軍民致詞的講詞中所說：「我們要在革命的教育中，認識戰鬥；在技能的訓練中，學習戰鬥；在愛國的行動中，去迎接戰鬥。今天是一個革命的戰鬥時代，只有從不斷的戰鬥，才能爭取不斷的勝利和成功」。海洋大戰的青年們，深刻的認識了戰鬥，熱心的學習戰鬥，忠誠的迎接戰鬥，也眞配得上革命戰鬥時代的戰鬥青年。筆者預祝他（她）們勝利、成功。

感想與希望

時光無情的過去，轉瞬間，兩年的國文專修科教育行將結束了，我感謝輔導會的照顧，能有這麼一個機會，接受深造教育，這不僅給我個人無限的鼓舞，也給退伍軍官同仁們開拓了一條新的工作途徑。

兩年來在師長們諄諄教誨之下，我們受完了一〇六個學分的國文專修課程，在全部課程中，有哲學、有科學、有義理，亦有詞章之學。我們研讀了這些課目以後，展開了人生的境界，提振了工作的精神，鼓舞起奮鬥的勇氣。從「哲學概論」中我們體認出人生的哲理。從教育專業課程（教育概論、教育心理、教材教法）中，我們領略了教育任務的重大，以及如何去掌握個性發展群性的做法。從「文字學」中，我們明白了文字的構造與起源，指引我們辨別形、聲、義的方法。從「聲韻學」中，我們知道了中國文字音韻變化的原則。從「國文文法」中，我們了解了文章語句的組織，和遣詞造句的技巧，總括言之，在這兩年中所學的功課，使我們深切地明瞭中華文化發展的軌跡，與其永恆存在的價值，更增進我們對國學的正確認識，獲益委實不少。

當茲驪歌初唱，瞬將結業離校之際，我們的內心有無限的感慨與希望，在短短的兩個月以後，就將挑起培育下一代的重擔，肩負起國家百年大計的工作。我們必須堅定信心，以一片至誠的熱忱去獻給教育，以身教代言教，以「愛」爲出發點去感化學生，使他們向善，爲國家造就一些有用的人才。更要做到「作之親」、「作之師」的要求，完成教育救國的使命。

現在，正值政府推行延長國民義務教育伊始，有許多工作有待我們去努力。總統府秘書長張岳軍先生曾說：「人生七十才開始。」這是我們努力上進的晨鐘。同學們！我們正是有爲之年，應把學校中的學習所得，儘情地在新的工作崗位上發揮出來。

略談保健與養生之道

諺云：「健康就是財富」。其實健康的身體比財富更爲重要。有錢並不能買到健康，祇有健康的身體才是創造事業的本錢。我們要如何保持身體健康、促使身心愉快呢？茲提出幾點淺見以供參考：

一、規律的生活

養成每日定時作息的習慣。晚上睡眠七小時就夠了，不宜太長或太短。中午最好有三十分鐘至一小時的休息，體力不宜過度勞累，長期工作過於疲勞易加速老化。引發成人病，儘量設法避免。

二、均衡的營養

飲食營養宜加注意不宜偏食。超量與不足，均對身體有嚴重影響。身體肥胖者容易引發動脈硬化、高血壓、心臟病、糖尿病。動物性油脂少吃。鹽分亦少攝取，多吃蔬菜水果，可以幫助消化。含膽固醇多的食物，如肝、腎、腦、蛋黃、魚子、鯉魚等均宜少用。

三、適當的運動

中年以上的人不宜作劇烈的運動。每天訂定時間做適當的活動，如散步、慢跑、打太極拳、練氣功……等，斟酌自己的體能狀況和生活環境作至少一小時的運動。

四、快樂的情緒

心裡因素極易影響身體健康，精神緊張，憂鬱、焦慮，很容易引發成人病。平時要保持精神愉快，培養正當的休閒活動，如唱歌、奕棋、郊遊……經常維持快樂的心情。

五、定期健康檢查

很多病症的初期並沒有症狀或症狀不顯著。一旦病狀顯著時，往往比較難以治療。惟有早期發現才能維持身體健康。因此，四十歲以上的人，最好每年作一次健康檢查。事前的預防工作，非常重要。

前總統府秘書長張　群先生，他活到一百零三歲，去世前曾經講過一首養生訣：「日行三千步、夜眠七小時、飲食不逾量、作息要均衡。」還有一首不老歌：「起得早、睡得好、七分飽、常跑跑、多笑笑、莫煩惱、天天忙、永不老」。這些名言值得我們參考、學習。

大陸旅遊我見我聞

去年六月間，開始邀約同鄉好友赴大陸作豪興之遊，經過三個多月的連絡，協調，終於十月三日正式成行，參加的旅遊伙伴共計十六人，由羅理事長仁賢、暨李宗傑鄉長分別擔任旅行團團長、副團長，友逢旅行社副總經理翁理應先生領隊，全部行程二十二天，參觀旅遊的地點爲桂林、昆明、西安、北京、南京、無錫、蘇州、上海、杭州、廬山、井崗山等十一個點，最後在泰和老家掃墓，拜訪親友。此期間見聞頗多，僅列舉其中犖犖大者，以作今後赴大陸旅遊鄉親之參考。

一、在大陸有「看頭」

導遊小姐說，一般到大陸旅遊的人都說，到大陸有「看頭」——到桂林看「山頭」。桂林的山峰峭拔，崖壁峻峭，是一大奇景。到西安看「墓頭」——西安古稱長安，是我國著名的古都，漢、唐等朝在此建都，先後有十一個皇帝崩殂後葬於此地。到北京看「磚頭」——北京市區的故宮、天壇、頤和園等衆多的古代宮殿，皇家園林，壇廟陵寢，宗教寺觀都是用紅磚做成的古老建築。到南京看「石頭」——南京的雲錦石，極富盛名，各種形狀都有，遊客到此都爭相採購，留作紀念。到上海看「人頭」——上海地處我國大陸海岸中部，長江入海口，全市總人口二千三百多萬，是我國人口最多的城市，大街小巷，人潮來往，熙熙攘攘。到杭州看「丫頭」——杭州姑娘美麗多情，人見人愛，可惜我們這次去杭州遊覽並未發現，可能是時間短促的關係吧。

二、大陸人民貧富差距懸殊

我們坐車進入上海市區，一面看到大廈林立，二十多層高的高樓大廈，到處可見；另一方面破舊不堪的房舍，亦舉目可望。在泰和家鄉，百萬以上家當的人家很多，可是每月收入在百元以下的居民亦復不少，形成貧與富的強烈對比。

三、市場買賣，充滿一片「貨假價虛」的現象

在大陸市場買任何物品，商家開出來的虛價很大，某君原在南京一家珠寶店購買玉鐲一枚，老闆出價六千元人民幣，最後以一千八百元購得；另桂林特產西瓜霜，可以清熱解毒、消炎止痛之用，在當地購買人民幣二十元一小盒，在南京僅需九塊錢可以買到；還有的人向叫賣者買茶葉，打開來檢閱一番，原來上面是茶葉，裡面裝的是柳樹葉。諸如此類，提醒去

大陸觀光旅遊的人，要特別注意。

四、把臺胞當呆胞

中共在兩岸關係上，口口聲聲說「一個中國，臺灣是中國的一部份」。實際上他們把臺胞當做外國人，赴大陸各地的風景名勝地區參觀，大陸同胞買門票祇要人民幣三塊錢，臺胞和港澳同胞比照華僑辦理，每人需要門票費三十六元，這是非常不公平又不合理的事情。

五、大陸各地環境衛生極不理想

此次赴大陸參觀旅遊，所到的風景名勝地區上廁所方便，需付人民幣二角、三角、五角不等，有的地方甚至要人民幣一元，而臭氣薰天，令人無法忍受，值此科學文明，積極發展的今天，尚有如此現象，實應急速改進。

馬來西亞逍遙遊

民國五十八年，省立台中高工，受僑務委員會之委託，代辦海外青年技術訓練班第六期學生訓練，全班學生共有五十七人，分別來自馬來西亞、帝汶、汶萊、泰國、寮國、香港、韓國等七個國家和地區（筆者是時係擔任該班輔導老師），自民國六十年元月畢業到現在，整整三十六個年頭了，這些學生回到僑居地以後，或就業、或創業，各自奮鬥。有的當上了總經理、有的當經理、或工廠廠長，每個人都有一份正當的工作，也有幸福美滿的家庭。在馬來西亞一個地區的學生就有四十多人，多年來，他們要我去馬國遊覽，直至今（八十四）年三月二十日，終於成行了，全部行程由張菏水、邱思慶二生安排，為期十二天，我偕同內子，搭乘長榮航空公司二八五次班機，於是日上午九時二十分，從中正機場起飛，中途經過新加坡，因有部分旅客下機，休息了一個小時後繼續航行，下午四時零八分，到達檳城，取了行李，走到出境大廳，一大群學生及眷屬簇擁而上，獻花、照相，握手言歡，並相繼介紹他們的家人和我們見面，一時問候聲、說笑聲、交織成一幅熱鬧動人的畫面。外面排列著十多輛小包車，猶如迎接貴賓一般，場面十分感人。我們乘坐莊燦成的轎車，直駛王冠太子大飯店，迎接我們的車隊，浩浩蕩蕩，跟隨到飯店休息，晚上在一間中餐廳聚餐，筵開三桌，隨後參觀關仔角夜景，此地大廈林立，面臨大海，行人在海濱穿梭漫遊，抒暢身心，這是檳城最熱鬧的地區。

一、馬國國情簡介

馬來西亞位於亞洲東南部，全境在北緯一到七度，十分接近赤道，地控太平洋與印度洋，領土包括馬來半島南部和婆羅洲西北部的沙巴及沙勞越，總面積三二九、七四七平方公里，氣候爲赤道性，一年四季皆充滿著溫暖的陽光，受東北季風和西南季風影響，平均氣溫在二十一度到二十二度之間，高地的氣溫則下降到十四、五度左右，溫熱氣候，適於熱帶植物茂盛生長，全境四分之三的地區爲森林區，橡膠樹、棕櫚樹、榴槤樹到處可見。馬來西亞的錫儲量居世界第三位，其他礦產有石油、鐵、鋁、錳、銻、汞、金、煤和銅。人口近一半爲馬來人，華人占百分之三，其餘的印度、巴基斯坦在泰米爾人居多。馬國地處東南亞的中心位置，與全球各地都有交通往來，旅遊條件極爲優越，消費低廉，人民好客，待人友善，是令人嚮往旅遊的好地方。

二、旅遊概況

三月二十一日上午，因等候遠道學生來此聚會，未安排任何活動，中午要來的人都到齊了，大家在一家自助餐廳用餐，到有學生及眷屬三十多人，大夥兒久別重逢，聚集在一起，笑談風生，非常開心。下午參觀蝴蝶公司和文化館，管理人員告訴我們，蝴蝶園內有一五四種蝴蝶，有的在空中飛舞，用鐵絲網罩住，有的是標本，把蝴蝶釘在牆壁上或置放在玻璃櫥內陳列展覽。文化館內收集中國許多朝代的古董文物和馬來人的原始生活用具，這些陳列品，代表了民族文化，深具歷史價值。晚上在全福樓餐廳大會餐，筵開四席，最難得的有祖孫三代同來參加，令人感動。

二十二日，今天是正式展開旅遊活動的第一天，上午參觀泰國佛寺，這是泰國人出錢，按泰國式建築的佛寺，裡面有一尊很大的睡佛，據說是全球第三大睡佛，裡面香火鼎盛，來此燒香膜拜的人絡繹不絕。泰國寺對面爲緬甸佛寺，裡面有一座五公尺高的立佛，此寺面積很大，建築宏偉，遊客到此點燭膜拜祈福的不少。再來參觀邱氏公司，原來這是邱姓的祠堂，係一百多年前從福建來此地的邱姓華人集資興建的，這是中國一幢古老式的建築，畫棟雕樑和石雕壁畫之精緻，可謂巧奪天王。中午在極樂寺地下樓吃素餐，隨後逛禮品市場，參觀極樂寺正殿，瞻仰佛像；旁邊有一座萬佛塔，共有十三層，塔的底層至最高層，有一九三個階梯，我們登上了塔頂，俯瞰大地風光，一覽無遺。

二十三日上午，荷水開車陪我們環海遊覽，順道參觀檳城台灣僑校，這是一所爲台商子弟就學而設的學校，學生畢業後可直接回台灣升學，教師為馬來西亞華人曾在台灣接受大學教育回國服務者。我們參觀時，適時呂眉萱校長外出，由許助理小姐接待，該校共有高、（初）中、小學，學生一百餘人，校舍面積不大，但辦得尚有規模。繼往中華藝術館參觀，一幢兩層樓的建築，二樓陳列手工藝品、國畫、瓷器、傢俱用品；一樓為茶莊，各種茶葉，來自大陸和台灣，滿眼所見，都是中國產品。又去張生所經營的東洋公司參觀，他專營禮品、紀念品及手工藝品，我們選擇了一些小紀念品回國後分送友人。午餐在市區摩天樓的雲中閣餐廳享用，這是檳城最高的一幢建築物，共有六〇層，站在上面可以鳥瞰全市街景。升旗山也是檳城的重要景點，乘坐電纜車二十分鐘就到達了山頂，此地有鳥園，有回教堂、有住家、還有旅館，居高臨下，胸襟開闊，風景優美，實屬世外桃源。可惜時近黃昏，我們匆促下山，在一個別緻的廣場吃晚飯，聽唱國（台）語老歌，美妙的歌聲，悅耳動人，宛如置身在台灣一般。

二十四日用過早餐，乘坐渡輪赴北海，這艘渡輪分上下兩層：上層坐人，下層裝載車輛，我曾點數，共裝了小包車四十八輛，其面積之大可想而知。到了北海，學生蘇岳謀夫婦陪同我們參觀飛禽鳥園，園內飼有各種鳥類三十多種。中午在尤連強家享用一頓道地的中國餐。又去鄭木伙家大吃一頓榴槤，其味無窮。旋即赴亞羅士打，這是馬國吉打州的首府，瀕臨去打河，市容整潔，是吉打蘇丹的住地，向北可達泰國，有好多位學生家住這裡。先到莊燦成家，參觀他獨資經營的冷凍工廠，這家冷凍漁業工廠有員工一兩百人；又參觀他和日本人合作的同類型工廠，他的產品銷到日本、澳洲、紐西蘭等國去，類似的工廠他目前在馬國共有五家，他是在同屆畢業學生中成就較大的一位。晚上有學生及眷屬二十餘人，聚集在一家素餐廳用餐，餐後在我們住宿旅館——「假日別墅」的珈琲廳舉行座談會，大家回憶在台灣求學時的點點滴滴，開懷暢飲，心情倍感愉快。這一天以訪視學生為主，參觀為輔。李進財和駱榮南二生，從繁忙的工作中，遠從北馬抽空趕來聚會，情誼可貴。

二十五日早上，師生一共九人，在亞羅士打麗園餐廳飲廣東茶，餐後握手道別，他們異口同聲的說：「希望老師明年再來。」接著我們參觀舊議會、回教堂。繼往鄭朝永工廠參觀，這是一家製造紙盒的工廠，主要機器是從台灣購買運去的，還到他家去訪視他的家人，據稱：他的三個弟弟，都是從台灣的大學畢業後回去各自奮鬥。下午結束了北馬的旅遊訪問行程，經過檳城大橋，這座橋長達十三公里，是世界著名的跨海大橋之一。回到檳城，則住「長榮大旅社」，這是一家十六層樓的新建四星旅社，有餐廳、有游泳池，工作人員的服務態度和藹可親，住在裡面愉快，舒適。麥燕芳招待晚餐，菏水的全家人都參加了，大夥兒在長榮大旅社的大廳和門前，拍下了珍貴的紀念鏡頭。

二十六日上午九時，離開檳城，上高速公路行駛，不久到達太平，這是馬國霹靂州的一個城鎮，曾為州政府，現為行政和收購中心，在馬國西部公路、鐵路的幹線上，設有機場、有國家博物館、湖上公園和馬克斯韋爾山麓避暑勝地。此地的命名，相傳在若干年前閩南人、客家人和潮州人相互打鬥，戰鬥結束後彼此協議不再發生類此事件，永保太平。此一傳說是否可靠？有待史家考證。我們再往前進，參觀了霹靂洞，此洞有十層樓高，可容納四五百人，裡面利用地形，安置有釋迦牟尼佛、彌勒佛、觀世音……等各種菩薩像，是華僑合資開闢經營的，外面有一家禮品店，專營佛家各種紀念品和錄影帶，裡裡外外全是中文說明。三點半鐘到達霹靂州的首府——怡保，住進舜苑酒店，放下行李，不久，學生曹傑華來了，引導我們去參觀當地名勝——極樂洞，這是一個魚形的山洞，也是一個石灰岩洞穴，東西兩面都透陽光，我們在此拍了幾張照片留念。晚上在一家客家小館，享受了一頓客家風味餐。

三月二十七日參觀雲頂高原。我們的車子，一直在高速公路上行駛，沿途瀏覽自然風光，毫無半點疲勞。下午三時許抵達目的地，此高原海拔三千七百多公尺高，先把車子停在立體停車場後，我們倆夫婦和菏水、思慶四個人一同乘坐電纜車上去，花了二十分鐘時間，到達了山頂，這裡有一幢十六層樓高的中國式建築，至少有五個圓山大飯店那麼大，紅色的柱子，金色的樑，設備非常完善，諸如飲食、住宿、育樂……等等設備，應有盡有。尤其它的賭場，範圍之大，種類之多，超過了美國拉斯維加斯的賭城。據聞是一位名叫林梧桐的華僑經營的，他現在八十多歲了，眞是一位頭腦超人的事業家。此地雖然地勢很高，但交通便利，除電纜車不停的來往運行外，尙有汽車蜿蜒而上，直升機的漫遊飛行。我們在此住宿一晚，住的是特等房間，因爲邱生是會員的關係，可以享受到如此的禮遇。晚上欣賞太空魔俠傳表演，節目非常精彩，有歌唱、有舞蹈、有魔術、還有特技，尤其把一位漂亮的小姐變爲老虎這個項目，使得觀衆拍掌稱奇，九十分鐘的表演節目，緊湊動人，獲得滿堂觀衆喝采。

三月二十八日上午，離開雲頂高原前往吉隆坡。吉隆坡是馬來西亞首都，和吉隆坡聯邦區中心，聯邦最大城市和文化、商業、交通運輸中心。城市中有現代和摩爾式建築、傳統的華人店舖、茅屋和馬來人的村莊。我們到了市區，先在大鐘前拍照，再參觀戰爭紀念碑，和當地的一群幼稚園師生合影，復在英雄像前攝影留念。我們一行四人住進市區麗景大飯店，用過午餐，休息片刻即參觀吉隆坡塔，這座塔高達四二一公尺，僅次於加拿大多倫多的 GN 塔（五五三公尺），蘇聯莫斯科的奧斯坦基塔（五三七公尺），和上海東方明珠塔（四五〇公尺），排列世界第四高的塔。塔台共有六層，包括瞭望台、旋轉餐廳、電訊台、建築服務台、大馬塔，在晴空萬里時，可以清晰的看到山川湖泊，大都會的繁榮美景盡收眼簾。夜幕低垂時，燈光閃爍，猶如點點星星。確實是令人難以忘懷的景觀。有人說：「沒有到過吉隆坡塔，等於沒有到過吉隆坡。」晚上到馬來亞餐廳吃當地風味餐，欣賞民俗——相親及結婚表演。

二十九日，邱生因公司另有要公處理，無法繼續陪同我們參觀了，僅由淌水一人駕車陪我們漫遊。上午先到雙威大學看他的大兒子，適因外出未遇，遂轉往雙威超市參觀，這是一所開闢不久的市場，規模很大，各種貨物用品，應有盡有。接著到附近的「綠野山莊」遊覽，裡面有市場、有公園、有動物園、有人工湖、也有娛樂場，我們乘坐遊艇遊湖，同時欣賞狗群跳圈、投球、推車……等各種精彩表演，一直到九時三十分，拖著疲累的身子回到飯店休息。

三十日上午十時，我們離開馬國首都——吉隆坡。花了兩個半小時的行駛，到達了馬六甲，先到遠新製造公司去看學生許葆成，他是這家公司的總經理，員工五十多人，在附近還有一家分公司和一家工廠，都是由他督導管理，老闆遠在新加坡，公司內大小事務由他全權處理。學生林伍弟從柔佛州新山市趕來看我們，他現在是一家電子工廠廠長，員工一百八十多人。下午，他們倆人陪同我們參觀馬六甲古堡、歷史文化館、和葡萄牙陳列船，這艘船分上下兩層展覽一些以往的船隻圖片，最珍貴的是看到了鄭和下南洋所乘船，看了以後，不禁發思古之幽情。馬六甲為馬六甲州的首府和主要港口，一五一一年為葡萄牙殖民地，一六四一年被荷蘭占據，一八二六年成為英國海峽殖民地的一部分，因其面對世界通航量最大的海道之一的馬六甲海峽，地勢重要，故屢為兵家必爭之地，在古堡中還可以看到砲彈和子彈的痕跡。市郊有一處華人公墓，旁邊還有一座華人抗日義士紀念碑，上面有先總統 蔣公的題字。不久，學生陳昆義也趕來了，晚上我們師生八人，在一家當地有名的海鮮餐廳用膳，夜宿當地新開幕的三星旅館。

三十一日，今天是馬國之旅最後一天。上午和許、林二生道別，由菏水駕車北上，十二時三十分就到達吉隆坡機場，利用時間分別以大哥大向這次參加聚會的每一位學生道謝辭行。下午三時十五分，搭乘長榮二二八班機飛返台灣，九時三十分到家，順利完成了這次馬國豪興之旅。

三、旅遊觀感與心得

馬國種族繁多，各民族雜居，但一般人民待人友善，彼此相處融洽。學生在學校讀書，必需學習馬來語、華語和英語三種語言，因此，彼此言語溝通並無阻礙。同時馬國道路廣闊、交通便利，差不多每家都自備有私家車。地處濕熱氣候，森林茂密，加以物價便宜，消費低廉，是人們居家的好地方。

我們這次去馬來西亞，先後到了檳城，亞羅士打、馬六甲、怡保、雲頂高原、吉隆坡等六個著名地方，觀賞了馬國的歷史、文化、古蹟；也遊覽了不少風景、名勝。尤其可貴的是與闊別將近三十年的學生及其家屬晤面聚會。兼收參觀、訪問、旅遊三者之效。在十二天的參觀、旅遊中，受到最好的禮遇，看到最美的景點，吃到美味的菜肴，收穫委實不少。

四、最難忘的豪興之旅

我已年逾古稀，惟精神矍鑠，體格強健，十二天來，既飽覽了馬國風光，也達到了我多年來探望學生的宿願，每到一處，受到學生的熱烈歡迎，與誠懇的款待，既感激又感動，這是一次愉快而難忘的旅遊。最使我印象深刻的是蒔水（原任僑生班班長、現任東洋公司總經理）、和思慶（現任旅行社總經理）二生，放下工作，全程陪伴和導遊，我從事軍、公、教工作四十二年，退休也很多年了，能夠受到離別將近三十年的海外青年學生，如此的尊崇和敬愛，是我永遠難以忘懷的。

開懷徜徉萬里行

我自從民國三十八年踏入社會以後，全身致力於本位工作，無論從事軍職，擔任教師，或任機關行政工作，都全力以赴，既無休閒活動，亦無遊樂可言，及至民國八十年公職退休後，重作個人生活規劃，遊山玩水，在短短幾年期間，先後去過美國、英國、荷蘭、德國、比利時、法國、瑞士、奧地利、意大利、澳大利亞、紐西蘭、馬來西亞、泰國等十三個國家。在中國大陸二十二個省分中已去過廿一個，同時也去過北京、天津、上海、重慶四個直轄市和五個自治區，重要都市和風景區，差不多都已去參觀遊覽過了。

一、歐洲名城勝景

旅遊的目的在觀賞歷史、文化、古蹟，遊覽風景名勝。現在僅把我去過歐洲的幾個國家，及主要都市名景的觀感簡敘於後。

(一)英國——倫敦

倫敦是英國的首都，倫敦建都已九百多年，而倫敦城則有七百年歷史，人口一千多萬，倫敦的精華在泰晤士河畔，兩岸名勝古蹟綿延不斷。

倫敦塔是幽禁和處決王宮和政治犯的地方，以白塔爲中心，由內外兩道城牆和二十二座高塔與堡壘形成，政治失意者和失意重臣，失寵王后嬪妃囚禁於此，慘死塔內。金庫陳列歷代皇冠，珍珠寶玉，長劍權狀等，有一王冠綴有三百一十七克拉大鑽石。另一權狀鑲了世界最大五百三十克拉鑽石，稱爲非洲之星。大英博物館，公認爲世界最大收藏最豐的博物館，收集的古物和藝術品之多，爲任何博物品所不及。在東方研究室中，收入我國瓷器、玉器、古畫（如敦煌壁畫、趙子昂的雙馬圖、許道寧的提琴訪友圖，及劉墉的書畫）等。

白金漢宮，一七〇五年建造，自維多利亞迄今，一直是英王府邸。而唐寧街十號則爲首相官邸，女王不讓位，則永久是王宮。

㈡荷蘭——阿姆斯特丹

荷蘭首都爲阿姆斯特丹，全國四分之一基地在地平線以下，五分之一的土地是人工塡土造成的，故有「上帝造海，荷蘭人造陸」之稱。

十七世紀，荷蘭，英國和西班牙，爲全世界海上三個霸權國家，海外殖民地很多，台灣被荷蘭人佔領了三十八年。直到一七九五年拿破崙佔領荷蘭後，國勢從此沒落了。風車爲荷蘭的標誌，本來荷蘭人用此抽水，鋸木材、磨玉米及穀物，自從工業機械發達後，很多風車廢棄不用，僅保留部分留供觀光之用。

㈢德國——柏林

柏林爲德國首都，二次大戰後，爲盟軍佔領，分東西柏林，西柏林由美、英、法共管，東柏林爲蘇俄託管，無形中形成自由與極權的對壘，一九八九年德國統一了。德國的民族性是勤勞、嚴謹、意志堅強，到處表現一片富強的景象。

㈣比利時——布魯塞爾

比京布魯塞爾居歐洲中心，有二百五十餘國際機構及民間組織在此，如：歐洲議會、歐洲聯盟執行委員會，歐洲原子能委員會，歐洲盟軍統帥部，北大西洋公約組織等均在此。距布魯塞爾二十多公里，爲拿破崙戰敗被俘的地方——滑鐵爐，一八一五年六月十一日拿破崙親率十二萬大軍在此與英普聯軍作戰，全軍覆沒並被生俘。交戰雙方陣亡五萬五千餘人，以後聯軍在滑鐵濾建一高達三十公尺的萬人塚，塚頂鑄一頭大石獅，表示聯軍征服了法國之意。

㈤法國——巴黎

巴黎的名勝古蹟很多，茲列舉幾個重要者如下：

艾菲爾鐵塔舉世聞名，是紀念法國人爭自由而建，塔高三百二十公尺，重六千九百噸，塔高和拱門爲鋼筋混凝土築成，塔身是鏤空鋼架，是十九世紀科技成就的標記，也是現代巴黎的象徵。

聖母院在塞那河山，是法國的宗教中心，拿破崙一八〇四年自封爲皇時在此加冕。

羅浮宮的建造，歷經數世紀始完成，其過程可視爲一部法國文藝復興的建築史，陳列品之豐富，不下五十萬件，名列世界第二，其最著名的有羅浮三寶——蒙娜麗莎的微笑，愛神維那斯及勝利女神之翼。

凡爾賽在巴黎市郊，爲路易十四所建，有七百多間宮室，壁畫除希臘羅馬神話外，多爲路易十四戰史。

凱旋門是爲了紀念拿破崙的戰功而建的。這些都是具有歷史意義的古蹟。

㈥瑞士——盧森

瑞士山川湖泊甚多，大小湖泊四千多個，四千公尺以上的高山峻嶺亦很多，雖然資源不豐，但因長久維持中立與和平，沒有受到戰亂影響。後因歐洲宗教改革運動，許多喀爾文教徒，不堪迫害逃來瑞士，帶來鐘錶技術。十八世紀法國大革命，大批法國貴族帶來珠寶、金錢，建立金融、銀行、保險和債券制度。它就是靠著鐘錶技術和金融保險兩大支柱，才使國民所得高居歐洲第一。又赴英格堡，登上海拔三〇二〇公尺高的鐵力士山，山上終年白雪皓皓，冰天雪地，山下風和日麗，形成奇景，山頂的地下，尚有冰隧道、冰宮、冰廳、冰走廊等等，很值得實地一遊。

㈦奧地利——維也納

到了維也納後，參觀哈布斯堡王朝的夏宮，此皇宮建于一六九二至一七八〇年，內有一千四百多個廳，現已開放四十五間，內有王朝歷史文物，我們看到法皇拿破崙和奧公主瑪麗路易成婚的油畫。

維也納是世界音樂之都，更是音樂家捕捉靈感的地方，在這裡可以看到許多音樂家的紀念館和銅像，如貝多芬、舒伯特、莫扎特等。曾經維也納森林，參觀了大音樂家舒伯特的故居及菩提樹，同時也參觀了第二次世界大戰時曾爲德軍製造飛機的兵工廠的地下湖，增廣見識不少。

(八)義大利——羅馬

羅馬帝國在兩千多年以前就有輝煌的歷史。所謂：「羅馬不是一天造成的」，「條條大路通羅馬。」此一歷史名城，不僅保留了原羅馬帝國時代的遺物，更保存現代「羅馬假期」的風味。羅馬有四百多個教堂，六百多個博物館，梵帝岡教皇國也在羅馬境內，是觀光勝地，每年觀光收入在百億美金以上。聖彼得大教堂爲全世界最大的天主教堂，費時一百二十年才建成，其內外雕刻及壁畫無一不是超凡入聖的藝術結晶。另羅馬萬神殿，也是羅馬偉大的建築，公元一二八年建成，直徑和高度都是四十三公尺，中間沒有一根柱子，經過將近兩千年的風吹雨打，毫無半點損壞，可見其建築之堅牢，不得不令人折服。雖然羅馬帝國過去有輝煌燦爛的歷史，然而好景不常，現在日漸衰微了，目前一般現象是交通秩序紊亂，治安狀況不佳，幣制不穩，失業率高，工人罷工頻繁爲世界之冠，人民好逸惡勞，貪圖享受等，這些不良現象，在在影響國家的發展。

以上是參觀歐洲國家的所見所聞。此外，在美國所見的是一片清新氣象，交通秩序良好，環境整潔，人民待人彬彬有禮。如要看歷史，文化、古蹟、風景、名勝，仍以我們中國爲最佳，一般人都說到中國大陸有看頭——到桂林看「山頭」，到西安看「墓頭」，到北京看「磚頭」，到南京看「石頭」，到上海看「人頭」，到杭州看「丫頭」，這些雖然是諺語傳言，卻也說明中國錦繡河山美不勝收，值得參觀遊覽的地方太多太多。

二、觀感與心得

俗話說：「行千里路，勝讀萬劵書。」多年來我參加觀光旅遊，收穫甚多，既增廣見聞也擴大心胸。歐洲很多地方可供我們政府和人民借鏡參考。

㈠**守法重紀**：人民奉公守法，遵守秩序，初抵比京布魯塞爾，欲購食物充飢，未及兌換當地貨幣，用美金不能直接購物。乘坐計程車如遇紅燈，即或無人無車通過，亦不搶行。通過斑馬線，車輛必讓行人優先。

㈡**謙和有禮**：行人在路上不愼偶相碰撞，互相道歉；探訊問路，路人必會細說目標方向。

㈢**環境整潔**：河渠及溪水均清澈見底，自來水可以生飲，大街小巷整齊清潔，垃圾按時清理。

㈣**注重效率**：所有交通道路及車輛，如子彈列車，英、法海底隧道，登山纜車等，均係電腦驗票，節省人力。

此外，我們對歐洲的歷史，文化、建築、藝術及宗教信仰有深刻認識和了解，也看到沒有受到戰爭影響的國家如瑞士，人民生活幸福，政府能吸收人才和資金來建設國家。還有使我印象深刻的，是人民深知民主自由得來不易，非常珍惜，其民主素養，足爲世界其他國家效法。

樹立法規觀念•發揚守法精神

一個國家的建立，必須要有嚴明的法律，以促進民主法治，確保社會的安寧，使人人在法律保障之下，能夠各享其應享的權利，各盡其應盡的義務，從而通力合作，進步發展，創造有秩序有紀律的現代化國家。

我們的國家自從國民政府遷到台灣以後，整軍經武，奮發圖強，不論在政治、軍事、經濟、社會、教育、文化各方面都突飛猛進。由於經濟的快速成長，社會結構的急劇變化，國民所得增加了，生活水準也提高了，部分人一時不能適應社會的變遷，以致驕奢淫逸，期望不勞而獲，違法犯紀的情事時有發生。諸如偷竊、搶劫、殺人、強暴、綁票、販（吸）毒等……層出不窮。

吾人應知道，法律的目的，不是在事後消極的保護公益，制裁違法犯罪的發生，而是事前積極的勸導人民，使人人自動自發的遵守法律，不發生違法犯罪的行爲。孔子說：「聽訟吾猶人也，必也使無訟乎」？任何優良的法律，任何公正的判決，都無法達到使人人守法的要求，必須人人發揮道德良知，守法崇法，樹立法治觀念。我國史書上以「夜不閉戶，道不拾遺」來形容社會的安全。一個安定祥和的社會，顯現出來的是一片有朝氣，有秩序的景象。我國對地方官吏的考成，以其任內訟獄的多寡來決定其政績的優劣，一貫的吏治精神，也不是靠「執法以繩民」，而是靠「導民以守法」。

孔子在論語爲政篇有云：「導之以政，齊之以刑。民免而無恥；導之以德，齊之以禮，有恥且格。」我們要做爲民主法治現代化國家的國民，應達到知恥向善，自覺自愛，自動守法。

至於談到個人應守的法律，不外乎民法、刑法、和政府頒布的行政命令。而公務員和軍人，除了遵守前述的普通法令外，還要遵守其職務上、身分上應遵守的特別法。

政府官員和民意代表分由政府委派、或由人民選舉出來的，依據國家法令來管理政事，如果本身知法犯法，必爲衆人所厭惡、所唾棄。自己不能以身作則，必不能使衆人守法，更不能管衆人之事，國家的政治，必定走上腐敗之途。

軍人的職責在保國衛民，更非恪守軍紀不可，因爲手拿武器，精研戰鬥技術，如果不能明白職責，不服從上級的命令，不嚴守紀律，後果不堪設想。因此，凡是能征善戰的軍隊，必定紀律嚴明。相反的，凡紀律廢弛的軍隊，必走敗亡覆滅。軍紀是軍隊的命脈，如軍紀廢池不能成爲軍隊。

學校是培養學生敦品勵德、學習知識技能的處所。學生應遵守校規專心向學，一言一行、一舉一動，都受到學校的約束和規範，不守校規的學生。學校不能容忍，踏入社會必定違法犯紀，成爲社會的敗類。

綜上所述，不論政府官吏、民意代表、軍隊官兵、青年學生、以至於全國國民，個個都能守法重紀，才能稱得上民主法治現代化的國家。

談全民健康保險的推行

計畫多時的全民健康保險，於民國八十三年十二月廿三日立法院完成「中央健康保險局組織條例」的立法程序，並於次年三月一日正式開始實施。這是和全體國民息息相關的公共政策，其目的在建立安全、完善的社會保險制度，提供全體國民完備、便利的醫療保險服務，這項劃時代的創舉，不能僅靠政府去推動，必須全體國民共同支持和參與，始能達成預期的目標。

每一個國民首先對「全民健康保險法」應有概括的了解與認識，這個辦法業經總統八十三年八月九日公布，共分九章八十九條，茲特其重點作簡要的介紹：

一、在保險對象方向

全民健康保險的對象爲全中華民國的國民，無論你有無工作，是勞工或公務員，或自行開業者都是全民健保的一員。惟不同的事業單位所負擔的保險費率有所不同。

二、在保險費率方面

低收入戶及勞民不需支付任何保險費用，完全由政府負擔；農民、漁民、水利會員自行負擔百分之三十，勞工負擔百分之二十；軍人、公務人員、私校教職員負責百分之四十；雇主、自營作業者，或事業證照自行執業者，則須自己負擔保險費率百分之百。此外，未就業之眷屬，包括老人，小孩及失業人員都須依附近親加入保險。

三、在就診程序方面

全民健保實施以後，有病的人，不必再使用公、勞保單，而使用中央健保局所發給的「健康保險卡」、兒童保險手册（三歲以下幼兒）孕產婦健保手册等保險憑證。每一張健保卡不限期使用次數，用完以後可以向投保單位申請發給，健保局會把每一個人看病次數加以記錄並加強查核，以避免濫用醫療資源情形發生。就醫時必須攜帶保險卡與身分證就近到住家的保險特約診所治療，如病況嚴重，則由診所開給轉診單轉送其他醫院。如不經過診所轉診，自己直接到地區醫院就診的人，其醫療費用在一定數額之下都要病人自行負擔，超出的由中央健保局支付。

四、在保險給付方面

關於保險給付項目，在該辦法中訂定有重大傷病、分娩、預防保險服務等項目，依分級轉診就醫的低收入戶是完全免費的。此外，問診、住院、生育、牙科治療、急診、復健、洗腎等都是給付的項目。不給付的則包括：㈠預防接種、家庭計畫結紮及恢復手術。㈡美容外科手術，非外傷治療性齒列矯正、藥癮治療，人工協助生殖技術、變性手術。㈢成藥、指示用藥。㈣特別護士、護理師、指定醫師。㈤人體試驗。㈥預防性手術、精神疾病以外之日間住院。㈦病房費差額、住院一般膳食。㈧病人交通、證明文件、掛號費。㈨義齒、義眼、眼鏡、輪椅、拐杖等裝具、助聽器。㈩其他經主管機關公告不給付的診療服務及藥品。

概括言之，全民健康保險具有普遍性、功能性、實效性幾種特色，我們了解其內涵及宗旨後，如何使這項政府德政順利推展並貫徹推行呢？我認爲應做下列幾點：

一、**加強宣導**：一個制度建立之初，難免有部分人不了解它的精神所在，甚至不能適應。例如保費負擔問題，勞工的保費分攤爭議多時，最後在立法院決議七比二比一（雇主分擔百分之七十，勞工分擔百分之二十，政府負擔百分之十）。總算在各方溝通協調下解決了這項問題。還有轉診就醫問題，原本自行選擇就醫醫院，健保實施後卻需要經過轉診才能到區域性較大型的醫院就診，致使一般民衆不了解，甚至走上街頭抗議，需多加溝通，耐心說明。

二、**建立共識**：辦理全民健康保險，旨在照顧大多民衆的利益，也許有少數人的既得利益，受到些許影響，我們要發揮人溺己溺的精神，讓尙未加入健康保險的民衆，都享有醫療保障。

三、**遵守規定**：分級醫療是一種很好的辦法，也就是「大醫院看大病，診所看小病」，對於不經過診所轉診到醫院看病的人，必須自付較高比例的費用，這是避免醫療資源浪費比較合理的辦法，必須全體國民體驗其用意所在，大家共同遵守。

四、**嚴格執行**：建立醫療紀律是當務之急，醫生作假或醫療瀆職，陷病人於傷亡，一經查出，即由主管機關吊銷其執照，且終生不得行醫，並須負刑事及民事責任。

總之，全民健康保險，不是「免費的午餐」或「廉價的保障」，有所得必先付出，全國國民要發揮互助的精神，才能達到人人健康有保障的境界，避免重蹈過去公、勞保醫療資源浪費的覆轍，建立完全的全民健康醫療體系。這項目標的達成，有賴政府與民衆的共同努力。

論排隊運動與心理建設

壹、前　言

我國素稱爲禮儀之邦，人與人之間均依循人際規範行事。先聖先賢把「君臣」、「父子」、「夫婦」、「兄弟」、「朋友」五倫，定爲人際關係的生活規範，使在家庭、社會、國家關係中，各種不同身分的人，有其相互的行爲模式。這五倫的關係就是五種行爲的標準，教導每一個人各守其分，各盡其責，以消除社會上的摩擦或衝突。這種行爲模式，在我國從前幾千年來的農業社會中行之有效，時至今日，社會型態及社會結構急劇改變，特別是台北市，都市化的發展非常迅速，使市區的面積日益擴大，人口的密度日益增高，人口的異質也日益加強。本市在民國三十四年光復時，僅管轄十個行政區，面積六六點九八平方公里。五十六年升格爲院轄市，先後增加六個行政區，總面積爲二七二點一四平方公里，比以前擴大四倍多。光復時的人口總計只有四十一萬多人，現在已到了兩百一十七萬四千三百五十六人（根據民國五十八年三月止統計數）增加五倍有餘。市中心區的人口密度最高者有六萬多人。

由於人口增加，各業群集，職業複雜，人口異質的程度也隨之增高。在這變遷的都市社會中，交通流量不斷增加，人與人之間交往頻繁，社會關係日形複雜，以往傳統的人際關係和生產規範已失去控制力量，其所造成的都市現象是一片紊亂，觸目所及，但見車水馬龍，人潮洶湧，擁擠雜沓，爭先恐後，予人以不良的觀感。

貳、推行排隊運動的主要意義

台北市為我國當前政治、經濟、文化的重心。因此，台北市乃各方觀瞻集中之所在，一切行政措施，無論巨細，關係著三百餘萬市民以至過往人等的生活和福祉，居於首善之區的地位。蔣總統經國先生於民國六十四年八月二十六日，在行政院長任內對出席台北市政府行政會議與會人員講話：要建設台北市成為有朝氣、有秩序、有禮貌的都市，表現中國文化氣氛與特質。李登輝市長以學者從政，履任以後決心於市政的改進與創新，除致力於物質建設外，更銳意於市民的心理建設，全心全力貫徹總統上項要求，特於六十五年元月四日，中華文化復興運動推行委員會台北市分會第五次委員會議時提出「排隊運動」，嗣於八日在市政府第三八〇次擴大首長會報中，指示市府教育局及新聞處對排隊運動應擴大宣傳，並長期不斷的推行。

李市長對於「排隊運動」，闡釋其意義說：那是「希望從一件市民人人可以作到的，最簡單的事爲起點，養成日常生活習慣，培養禮讓美德，促成大家在觀念、生活態度、以及價值判斷等方面的積極改進」。他同時強調：「遵守排隊秩序，不僅是形式上的行動，而是發自內心的禮讓態度，進而表現彼此尊重，互相關懷的傳統美德……養成持久有恆的優良習慣。」台北市近十年來的物質建設，的確有相當的進步，但市民在心理方面的建設，卻未能配合推進，僅僅在求滿足物質方面的享受，而把生活觀念、生活態度以及人群關係等未能配合改進。所以他希望矯正這種缺失，要在建設良好物質環境的同時，也要使市民有和諧、充實的精神生活。由是可知李市長在此時倡導「排隊運動」，乃是針對時弊，啓迪世道人心，其意義非常重大。

參、市民對排隊運動的支持與響應

「排隊運動」自從李市長提出以後，台北市全市每一處公車站牌，每一戲院售票口等公共場所普遍展開，獲得市民暨各界人士熱烈的響應和支持。本年元月二十三日十六個區公所集會通過「推行排隊運動實施要點」，並分兩部分來實施，一是春節期間的推行，（自元月二十九日起至二月十一日止），爲期十五天；一是經常推行，其要項爲：㈠進出公共場所，人人排隊；㈡購物買票，人人排隊；㈢等候及上下車輛，人人排隊。並由各區公所、學校等車位組成勸導隊，從街頭、從站牌、從車站分別實施勸導期由點而線，由線到面，廣泛的、長期的蔚爲風氣，養成習慣，成爲良好的社會風尚。

尤其社會影響的是：台北市四百多個民衆團體的負責人（包括理事長、總幹事等八百餘人）於九月二十五日，在台北市社會活動中心，舉行響應排隊禮讓座談會，會中通過「台北市民衆團體響應排隊禮讓遵守公共秩序實施要點」。國際獅子會中華民國總會將排隊運動要點印製卡片二十五萬份，分贈各有關團體轉送各會員實踐力行，並在各重要交通站牌處分贈市民，廣爲宣導。其他如婦女會、獅子會、青商會、兒童保育會、女童軍等這些服務團體，在市政府社會局的發動下，到五月六日止，參與排隊禮讓之勸導工作一個半月，其中青商會分別在火車站及公館地區主動地展開服務工作。由是這一運動在台北市每一角落如火如茶地推行。

肆、加強心理建設促進排隊運動的全面推行

「排隊運動」自推行以來，新聞報導及輿論批評均一致表示稱讚與期許，大家都認爲排隊是對的，但是常有怕落於人後的心理。因此，造成爭先恐後的情形。學校裏教導學生要循規蹈矩，排隊上車，遵守公共秩序，但是孩子的母親卻要他拼命去搶座位，叫學童無所適從，不知聽誰的好。在今日物質享受愈形豐富的時候，不能疏忽了心理建設，要身心均衡發展的人，才是國家社會有用的人才。排隊運動正是一個人禮貌風度的起點，能夠排隊的人，證明他道德意識的覺醒，更顯示他人格的高尚，身心的健全。因此，絕不可把「排隊」看成一件

小事情，實際上對現代都市生活有其重要性，市民們應該體認「排隊」不單單是一種行爲，而應該是一種觀念。這種觀念乃是：公平、合理、平等、守法，尊重他人，節制自己的綜合體，也就是民主法治的基本觀念。因爲排隊是根據先來後到的順序，誰先到，誰就排在前面，誰也不吃虧，誰也不佔便宜，大家無話可說，這是最公平的。排隊可以使社會上不合理的爭奪和不合理的推讓所造成的尷尬場面改進過來。人人排隊可以制止力量大和蠻不講理的人搶先，而讓弱者、懦者機會均等，所以是平等的。排隊的主要作用在使人們遵守一定的規則，先到者先接受服務，人們養成了排隊習慣之後，可以排除任何暴力或特權，輪到你才是你的，由此擴而大之，即可建立一個處處守法的社會。我們國人缺乏主動守法的德性，非得有強迫的制裁爲後盾，才能遵守規定去做。所以，我們若能灌輸市民守法觀念，則排隊運動，自然輕而易行，而民主法治，亦由此可以奠定基礎。

英國是世界上最注重排隊的國家，他們不論在任何場合該排隊的時候，按照先來後到的順序，排成一行，井然有序。即或緊急避難，也不亂衝亂闖，人潮擁擠，這種排隊精神深值我們效法。

台北市的排隊運動，自六十九年元月正式推行到現在，雖有若干成效，但仍不夠普遍，而且大部份靠有人勸導與維持秩序，市民尚欠缺自發精神，並未把排隊養成習慣，檢討起來，問題在大家改變觀念的決心不夠，這件事其實是輕而易舉，「非不能也，而不爲也」。祇要大家有決心去做，那些客觀的因素，諸如一個站牌上有兩三路公車，乘客無法排隊；站牌前停有小汽車，公車靠不近站牌，乘客隊形在車到時無法保持；公車停靠時，後門未能對準站牌，以致乘客上車秩序紊亂等，都可以克服。因此，惟有全體市民以心理建設為基礎，來推行這一運動，必能徹底實現。

伍、結語

台北市為我國戰時首都，中外觀瞻所繫，諸凡市民一舉一動，關係整個國家的榮辱，做為一個已進入開發中國家的國民，必須有禮貌、守秩序，具體的表現即從排隊方面做起。全體市民應一致做到下列幾點要求：

——在心理上：魚貫而行，不爭先恐後。

——在觀念上：捨己為人，不爭一時得失。

——在行動上：先來後到，不倖進躐等。

——在精神上：自動自發，決心持之有恆。

全市市民如果都能夠本著上面的要求，拿出毅力來做，拿出良心來行，拿出決心來幹，則「排隊運動」必能獲得預期的成效，台北市也能成為安定、祥和、有朝氣、有禮貌，有秩序的現代化都市。

附錄一

班級教學資源庫

徐巧英

台北市立師院實小是一所校史悠久，位處於台北市文化中心的學校。歷任校長都由師院教授兼任，這些教授又都是學有專長的學者。平時學校的教育研究和教育工作理念，可藉小學部來實習。所以這兒的教學活動都很活潑，整個學校風氣也隨之自然的蓬勃起來，加上學生的資質都不錯，尤其家長們更是熱心，出錢出力配合學校，支持校務工作的推行，使每位老師在這個環境裡，都能發揮專長學以致用。更可佩的是老師們在校長領導之下，以校爲家，視學生如子女，尤其劉校長進入實小以後，腳踏實地，勤勉耕耘，她領導學校中的每一份子，盡心盡力，爲教育奉獻，因而老師們的工作雖然緊湊忙碌，卻充實而愉快，因爲本校除了正常教學及行政工作之外，還擔任其他的實驗工作。

在繁忙的日子裏，有一股強有力的力量在支持我們——那就是家長，家長的助力是最好的資源，給我們無數精神和物質上的激勵。就以七十七年台北市運動會爲例，我們學生擔任表演大會舞，五、六年級學生全部參加，有的家長看見孩子練得很辛苦，常爲孩子打氣加油，我班上家長許清福先生感於練舞時，氣候炎熱，立即爲班上師生送來運動飲料，每人每日一瓶，直到表演完畢，供應不斷。據悉耗費不貲。其他家長平日爲班上奉獻愛心的事例比比皆是，如改用太陽能日光燈管照明，加裝遮陽窗帘，送錄音機、熱水瓶、班級綠化的盆景等，最近黃沛榮教授選購乙套百科全書相贈，眞是令人感動。家長們出於自動自發的愛孩子、愛學校、熱心校務，要歸功於我們學校有一個健全而完善的家長會組織。

我們的家長會組織是按本校家長會章程辦理的，各班級每學期召開一～二次的家長會（母姊會），由於學校爲考慮家長們方便出席，常訂於週末或假日召開，因此出席十分踴躍，各班每年選舉家長代表三人，選出以後，每人協助擔負一份班級工作，一位管理經費，一位負責連絡服務，如班上添置東西，他們就負責連絡採購及跑腿的工作，替老師節省了不少時間，另一位則協助帶領活動。他們爲班級設計活動，如郊遊參觀、爬山等……。記得上學期筆者利用假日去郊外爬山，發現了一個新學校——萬興國小，像發現新大陸似的驚訝不已。該校校舍寬敞，還有最新的設備及兒童活動場所，於是我將這個發現與學生分享，特別選了一個週末的下午帶領學生家長協助帶隊，我們愉快地度過了一個親子活動的週末。

教育爲百年大計，教育政策正趨向於開放，教育責任有賴於家長和學校多方配合，始可收到事半功倍的效果。不要忘了家長們的力量可以幫助我們順利完成許多工作目標，所以這些最佳的社會資源，大家要努力發掘運用，願我們互勉！

附錄二

我到泰國當志工

徐巧英

自教育工作退休後，還能有機會站上講台重執粉筆生涯，首要感激僑委會給了我一個當志工的機緣，去年底，第一次應聘到泰北服務，同梯次十位志工分成三組，在清邁，清萊省的華語學校，任師資培訓的志工老師，我和另三位伙伴到熱水塘，培訓班設一新中學，受到當地僑領，村自治會長，校董會，校長等熱烈歡迎，學員來自於附近的十八所華語學校的校長，主任，和老師們，共九十位，分兩班上課，他們學習認識，態度恭謹，同時承蒙董事長，校長在教學上給了我們最多的援助和配合，才使得八週的工作得以順利達成，結訓典禮時僑委會多位長官均從台灣飛來參加，令人雀躍，又欣逢國府黃代表顯榮將軍履新視事，親訪榮民，宣慰僑胞。適時參加了師資培訓班的結訓典禮，爲學員頒發結業證書，使典禮倍增莊嚴隆重，氣氛愉快感人。

今年五月，二度受聘至泰國服務，共廿位志工，分成十組，前往曼谷周邊的十所兼辦華語學習的學校，每人帶著簡單行囊，和一箱僑委會贈給各校的教學工具書，及參考書離台，抵達曼谷機場，一眼瞧見美麗負責的莊秘書，正守候在大廳，大家簇擁著她，道不完的問候話。一會上了專車，直奔波恩大酒店憩息。晚上七點，李專員率秘書多人，安排我們和諸僑領，及十所學校的校長，或代表聚餐，各僑領致歡迎詞時，都同聲感謝政府和李登輝總統對僑胞們的關愛，在今日經濟景氣衰退時，能獲美金百萬讓泰國僑界振興華語教育，不啻雪中送炭，也是振奮僑心。僑領一再承諾，會珍惜和善用每一分錢，以嘉惠華裔弟子，造就他們成爲有用的人才。

次日我和秀美隨年輕又誠樸的陳松校長，乘坐校車離開酒店，直往佛丕光中公校報到，當時拜見了校董會盧森興主席，吳總理，楊秘書，泰文部楊校長及中、泰文老師們，略作寒暄；即進入教員宿舍。此後這就是我和秀美的家。

當天承校長送二人——「建校五十年慶紀念特刊」各一本，拜讀了主席多篇大作，了解到該校聲譽日昇，除了先僑們的篳路藍縷的創建功勳外，近二十多年來，又在盧主席的繼續披荊斬棘的耕耘下，將大樓一棟棟矗立起來，這巨大又艱辛的工作，實非易事，但他謙虛的將功歸於一群熱心華教的僑胞，校友及學生家長們，因爲他（她）們的慷慨解囊，作出貢獻，讓今日光中在硬軟體設備裡日臻完善，同時主席兼辦華語宗旨宏觀，㈠弘揚中華文化以迎向廿一世紀的華語世界，㈡促進中泰文化交流，㈢並爲泰國培養華語人才以增加國家經建的繁榮，眞是高瞻遠矚。

目前該校名聲遠播，組織有序，師生千人，採中泰文教學，另有幼稚園夜校部，並供遠道學生食住，校長，師生日夜相伴，情同父母子，這裏是一所極具現代化規模的好學校。

我們的工作受校長指導，除接手作短暫代課老師外，可應各老師需要到教室隨堂作讀書或唱跳的教學活動，嘗試後，力不從心，因爲我們不諳泰語，還得仰仗級任老師協助，但課堂上嘻笑熱鬧，算是教學的另一收穫吧！他們生活常規訓練很好，孩子個個總明守禮，見到我總是用華語柔聲的問好，這兒老師教學經驗豐富，但還是利用每週二、四下午他們的空檔，和我們作有關教學問題的探討，我和秀美也名列出了一份工作計劃呈校長備查指正，例如：國語科教學法，試卷編寫，健身操，班級經營，國語科教材分析，書法，查字典，注音符號教學，兒童心理輔導，創作思考教學，唱遊，手語教學，簡單電腦詩詞欣賞等項目，事實上他們也多次到過台灣進修，仍然對這些科目熱衷，因爲老師們都很好學，尤其校長求知欲旺盛，假日還往曼谷大學進修深造，這都是我們欽佩的地方。感覺到光中有了這群博學多才的師資陣容，潛力無限，學子幸甚，數週來讓我有幸在這美好的學習搖籃裡，分享著這兒的讀書聲，笑聲，並承主席校長公餘假日率領我們瀏覽這兒的名勝古蹟，和先王行宮，見遊客對先王的尊敬和膜拜，令人動容，深知王室總是對百姓仁慈照顧，庇護有加，我們也感恩泰皇陛下對人仁厚無比，相信兩國情誼將更深更堅，泰國是個美好的國家，佛丕光中更令人懷念。

附錄三

回憶

徐巧英

是一個初夏的清晨，我懷著悲痛的心情，獨個兒徘徊在故鄉的河畔，凝視那奔流的河水、激盪起白色的浪花。在我美麗的家園，依了她的點綴，頻添了不少秀麗的生氣。「但願妳永遠地清澈、寧靜！」我默默地為她祈禱。

紅日升上天空，放射出強烈的光芒，大地上的一切都已籠罩了一層金黃色的薄紗。我受不了熱氣的侵蝕，慢慢地順著河堤的樹蔭，步回家去。路上忽然發現了一位同學，見她默默沉思的坐在林中的石塊上，這時我毫無興緻去打擾她，只想從她身後溜過；不意她卻來一個反頭望，竟向我揮手大喊，臉上笑靨可掬，現得那麼地愉快，看來是多麼自然天眞呵！我倒被她這一陣喜悅給驚住了，等我前去寒喧答話時，她的口裡已在叨叨不絕，從她的言語中，我知道了投考軍中政治工作的同學多已錄取，並且不久部隊就要撤離，我們也要隨軍而行了。這個驚人的消息，帶來是悲哀？是喜悅？我卻說不出來？

烽煙遍處，匪禍猖獗，許多男女學生早已卸下了學生裝，而換上了黃綠色的戎裝了。從此，我也正式的投入了軍隊懷抱，英勇的加入了神聖的革命陣營。

某月中旬的晚上，部隊奉命向贛縣出發，我等也就同時於這道威嚴的命令下離開了年邁的母親，和可愛的故鄉，開始嘗試早已盼望的軍隊生活。

當我出發的第一天，許多親友都紛紛前來送行，慈愛的母親淚涕縱橫，並囑我要身體特加保重，以及做人做事之道，暇時多寫信回家…。以後，她只默默地對我呆視，從這時起，我才開始領略到別離的痛苦，心中實有訴不出的悲傷與心酸。但是，號角響了，隊伍已開始出發了，急迫的時間，再不容我與故鄉的景物相戀，此刻只有背上了母親爲我收拾的行囊。終於使理智克服感情，鼓起了勇氣，堆上了笑容向媽道別：「媽！我去了，請您老人家珍重玉體，空暇時一定會寫信回家……。」最後，硬著心腸踏進隊伍行列，向前走，去遠遠地還隱聞得母親的悲泣。

啊！光陰是那麼無情的過去，不見母親的慈顏已是多年了，回憶往事，感懷萬千。誰使我流浪海外，這不是萬惡的中共嗎？唯有打倒這製造人間悲劇的政權，才能重返我那美麗的故鄉，和我日夜懷念的母親重逢！